Sp   306.874 Vaz
Vázquez Mota, Josefina.
Cuando los hijos mandan : cómo
querer y educar con límites /
$14.95   ocn900447399

WITHDRAWN

WITHDRAWN

Cuando los hijos mandan

Cuando los hijos mandan

Cómo querer y educar con límites

JOSEFINA VÁZQUEZ MOTA

Coordinadora

Grijalbo

Cuando los hijos mandan
Cómo querer y educar con límites

Primera edición: diciembre, 2014
Primera reimpresión: enero, 2015
Segunda reimpresión: febrero, 2015
Tercera reimpresión: marzo, 2015

D. R. © 2014, Josefina Vázquez Mota

D. R. © 2015, derechos de edición mundiales en lengua castellana:
Penguin Random House Grupo Editorial, S.A. de C.V.
Blvd. Miguel de Cervantes Saavedra núm. 301, 1er piso,
colonia Granada, delegación Miguel Hidalgo, C.P. 11520,
México, D.F.

www.megustaleer.com.mx

Comentarios sobre la edición y el contenido de este libro a:
megustaleer@penguinrandomhouse.com

Queda rigurosamente prohibida, sin autorización escrita de los titulares del *copyright*, bajo las sanciones establecidas por las leyes, la
reproducción total o parcial de esta obra por cualquier medio o pro-
cedimiento, comprendidos la reprografía, el tratamiento informático,
así como la distribución de ejemplares de la misma mediante alquiler
o préstamo públicos.

ISBN 978-607-312-793-6

Impreso en México/*Printed in Mexico*

ÍNDICE

PRÓLOGO

La adolescencia y juventud: observaciones sobre algunas experiencias

Manuel Mondragón y Kalb

No deseo juzgar, sólo invitar a la reflexión profunda y objetiva, y considerar en ella todos los elementos concurrentes; muchos, por cierto, de alta complejidad. Narro, pues, vivencias que muestran situaciones que pueden ser representativas del fenómeno psico-social de adolescentes, jóvenes y de sus padres, o tutores, cuando los hay.

Siendo secretario de Seguridad Púbica, un día sábado fui informado sobre la presencia de un numeroso grupo de adolescentes, por lo menos trescientos, entre hombre y mujeres, casi todos menores de edad, que irrumpían en una estación del metro provocando destrozos severos y que, a su salida a las calles, en actitud de alto desorden e inclusive de vandalismo, lastimaban a personas e inmuebles. Ordené detenerlos y enviarlos al Ministerio Público, lo que se cumplió atendiendo a las múltiples solicitudes y quejas recibidas de personas afectadas. Sin llegar a la confrontación, los jóvenes involucrados fueron contenidos y transportados a la Procuraduría General de Justicia del Distrito Federal. El propósito era convocar a sus padres, informarles de los acontecimientos y corresponsabilizarlos para evitar acontecimientos semejantes en el futuro. En ningún caso se consignaría al menor detenido.

Algunos padres arribaron a la procuraduría en actitud por demás agresiva contra la autoridad por la detención "injustificada" de sus hijas e hijos. Para éstos, la conducta observada por sus descendientes era propia de la juventud, y la reacción de la ciudadanía afectada y de la autoridad era desmesurada y de franca incomprensión. El otro grupo de madres y padres aceptaba su fracaso en la educación y en el control sobre los adolescentes o jóvenes bajo su tutela. No faltó quien, con lágrimas en los ojos, me pidiera ayuda, la que fuera, para controlar al hijo o a la hija ante la insuficiencia de sus esfuerzos para mejorar su educación e, incluso, para guiar el comportamiento de sus vástagos.

Permítaseme referir otra experiencia: una tarde fui informado acerca de que en uno de los consejos tutelares de menores infractores, representantes de dos dormitorios habían violentado su conducta enfrentándose unos a otros.

El desorden crecía con peligro de afectaciones mayores, por lo que acudí de inmediato con personal especializado para la contención de este tipo de problemas, lo que efectivamente se logró después de dialogar con los jóvenes involucrados, quienes manifestaban un temperamento altamente violento, incluso dispuestos a traspasar cualquier límite contra sus rivales. No soslayo comentar que muchos de estos internos habían sido detenidos por cometer delitos graves, incluyendo violación, robo a mano armada, lesiones severas e incluso homicidio.

Pero el problema mayor lo confronté con familiares y padres de familia quienes, en la calle aledaña al centro, protestaban con un alto nivel de desorden y de agresión en contra de la autoridad y del gobierno de la ciudad que acudía a resolver el conflicto, lo que por cierto se logró sin uso alguno de violencia. Paradójicamente, fue más complejo argumentar con los padres de familia que con los propios internos. Pareciera que la autoridad fuese la condicionante de la conducta de estos jóvenes y los padres de familia sólo las víctimas resultantes.

Comentaré una tercera experiencia: Estando al aire dentro de la cabina de una de las importantes estaciones radiofónicas del país, el moderador había convocado al público a establecer comentarios con el secretario de Seguridad en torno a temas alusivos. Se inició comunicación con una mujer joven que expresaba su gran molestia e, incluso, queja, sobre la irrupción de policías judiciales en una discoteca, en la que, estando ella con amigas y amigos, la autoridad había ingresado para clausurar el sitio. Comentaba la joven que el comportamiento de los policías había sido por demás intempestivo y rudo; el tono de la queja era severo, incluso escandaloso; según ella, la acción había sido inaceptable. Aun cuando no era policía bajo mi jurisdicción, sabía que la decisión de clausurar el sitio obedecía a la inconformidad de muchas personas sobre la admisión y la venta de alcohol a menores de edad e, incluso, sobre la posible existencia de drogas de diseño (metanfetaminas) para el consumo de la concurrencia.

Entonces me dirigí a la jovencita y le dije que entendía su molestia si acaso los elementos policiales se habían excedido en sus funciones, con actitud y con acciones que sobrepasaran los niveles aceptables; empero, después le formulé algunas preguntas: "Por cierto, ¿me puedes recordar a qué hora ocurrió el incidente?" Su respuesta titubeante fue que había sucedido a las 4:30 horas de la mañana. A la segunda pregunta: "¿Cuál es tu edad?", ella, con más titubeos, respondió que tenía dieciséis años.

Lo siguiente fue mi comentario sobre si sus padres sabían de su presencia en aquel lugar, a esas horas de la madrugada; de su ingesta de bebidas alcohólicas con amigas y amigos; si había obtenido el permiso de ellos. En ese momento, la comunicación se cortó.

La cuestión es si los padres de esta joven habrán estado a la escucha de esta conversación, que se inició con un reclamo y terminó abruptamente por la misma quejosa. ¿Habrán oído este diálogo otros padres de familia?

He vivido tres diferentes generaciones cuyos comportamientos se diferencian notablemente entre sí, en lo referente a la educación y a la relación entre padres e hijos. Hago alusión a mi propia generación y al vínculo con mis padres cuando era niño, adolescente y joven. Me refiero a la educación y a la relación con mis hijos, y comento también el tipo de comunicación de mis hijos con sus propios hijos. Tres modos y estilos con matices profundamente distintos entre sí, tanto en lo relativo a la comunicación y a la vinculación personal como con el entorno.

No pretendo referirme a lo acontecido a mediados del siglo pasado, a las circunstancias de la penúltima década o a lo que observamos ya en los primeros lustros del siglo XXI. Habrá denominadores comunes. Sin duda, el amor, de padres a hijos, y viceversa. El profundo sentido para cumplir responsabilidades de atención, guía y educación. Pero, ¿cuán disímbolo es el entorno y el medio en cada una de las épocas? ¿Cuánto habrán influido los cambios en la cercanía, en el cuidado personal; en síntesis, en la guía y la educación de padres a hijos y en la respuesta de éstos hacia sus progenitores, tanto en fondo como en forma?

Los cambios son obvios. Están a la vista. Los observamos y los vivimos día a día. Se contemplan en el campo de la familia y en su estructura; en el terreno de la educación y, después, en las oportunidades y las posibilidades del trabajo. La comunicación, la información y la tecnología al alcance de cualquier persona, nos han permitido acortar distancias y resolver cuestiones prácticas, dejando muchas veces, eso sí, lo humano a un lado. Los fenómenos sociales manifestados bajo nuevas condiciones demográficas, urbanas, de asentamientos y oportunidades de convivencia y de cultura se han transformado en cambios radicales en muchos casos.

Los valores fundamentales, en consecuencia, han sufrido modificaciones importantes cuyos resultados se perciben día a día.

Regreso al inicio: que cada quién juzgue si esto ha sido para bien o ha significado el deterioro de los individuos y de la sociedad. Si habremos de continuar sobre esa tendencia y acoplarnos a ella, o bien procurar, si fuese posible, detener e incluso retornar a condiciones de antes, adaptadas a la actualidad o, en cambio, construir nuevas formas de relación que rescaten la necesaria vinculación, guía, relación estrecha y respeto entre los individuos.

Lo que sí habremos de hacer es responder, cualquiera que sea nuestro pensamiento al respecto, y ésa es la invitación, a la urgencia de actuar con objetividad, reflexión y alta responsabilidad.

Gracias, Josefina, por invitarnos a participar en un proyecto así. Finalmente, todos formamos, de una manera u otra, a jóvenes y a niños con nuestra actitud cotidiana.

Nuestros niños y jóvenes necesitan volver a ver dibujado un camino entre tanta confusión, así como nosotros tuvimos la oportunidad de tener cierta claridad en la oscuridad.

INTRODUCCIÓN

Cuando el problema es demasiado

Josefina Vázquez Mota

Decidí escribir estas páginas e invitar a distintos especialistas a este proyecto por tres razones fundamentales. La primera, porque como madre de familia estoy en un momento de mi vida y de la vida de mis hijas en que puedo hacer un alto en el camino y reflexionar sobre lo que hice y dejé de hacer, sobre lo que les he dado y dejado de brindar, y las consecuencias que todo lo anterior ha provocado en la vida de cada una de ellas y en nuestra propia dinámica familiar.

La segunda razón es porque hace poco tiempo un grupo de parejas muy jóvenes, con hijos aún pequeños, me preguntaba qué era lo mejor que podían hacer por México, y mi respuesta fue formar buenos hijos, buenos ciudadanos. Entendiendo por esto, que sean fuertes, honestos, luchadores y que sientan un genuino amor por nuestro país. Si ellos logran formar esta generación de mexicanos habrán hecho la mejor y mayor de las aportaciones en muchas décadas.

Y la tercera razón es, sin duda, la más poderosa, y tiene que ver con realidades profundamente dolorosas. Escribo y dedico estas líneas a dos entrañables amigos, los dos honorables, muy trabajadores y —me consta— amorosos padres de familia, que sueñan con ver crecer a sus hijos para disfrutar juntos la vida, o bien para enfrentar unidos los desafíos que impone la realidad. Ahora que sus hijos son jóvenes, estos sueños se han derrumbado frente al desprecio, los reclamos, las exigencias, la indiferencia y el egoísmo de quienes ahora los miran de reojo, con aires de grandeza.

A ambos los he visto llorar amargamente. Los dos, siendo absolutamente diferentes, se preguntan qué dejaron de hacer para recibir esta respuesta tan contraria al amor, al respeto y a la generosidad. Uno de ellos recientemente decidió que ya casi nada valía la pena porque frente a él no ya hay dos hijos, sino dos terribles jueces. El otro ha perdido la esperanza de restablecer una comunicación cercana y amable con su hijo; cree haber hecho ya todo lo posible para que él "se abra" y de alguna manera "regrese", pero sólo se ha encontrado con la puerta en las narices. Hace algunos días me dijo algo así como que ya era experto en enfrentar desprecios e indiferencia.

Mi primera conclusión después de escuchar a gente querida, a personas preocupadas por la educación, y pensando en mi experiencia, es que en nuestra generación, y me temo que en las generaciones más recientes, enfrentamos un nuevo desafío, un reto frente al cual es necesario hacer una pausa, y que me he permitido denominar como DEMASIADO: demasiado consentimiento; demasiadas cosas materiales, aun cuando los hijos ni siquiera las han pedido; demasiada atención y tolerancia; demasiada dependencia; demasiada protección. Todo esto frente a la escasez de límites, frente al miedo o el confort de muchos padres para ejercer su autoridad, o bien como respuesta de miles de madres de familia que trabajan incansablemente para sacar a sus hijos adelante, que cargan con sentimientos de culpa por su ausencia y que tratan de compensarlos dándoles todo para tenerlos contentos; así que un camino recurrente es caer en el terreno de los "demasiados". También conozco a algunos padres de familia que, al igual que millones de mujeres, sostienen sus hogares monoparentales y enfrentan circunstancias similares a las que he mencionado aquí.

Hasta hace algunos años la relación entre padres e hijos parecía tener una lógica casi común en la mayoría de las familias. Por ejemplo, si nuestra madre nos decía: "Te habla tu papá" o "Tu papá quiere hablar contigo", nuestra primera reacción era preguntarnos: "¿Qué hice? ¿Para qué querrá hablar conmigo?"

Ahora, cuando los hijos hablan o nos hacen llegar un mensaje porque algo les incomoda, entonces los papás nos preguntamos qué habremos hecho para que estén tan enojados, e incluso algunos se sentirán tan o más temerosos frente a sus hijos que lo que ellos se sintieron frente a sus padres décadas atrás.

Antes era habitual que los padres eligieran el restaurante para comer los fines de semana o para celebrar una ocasión especial; ahora son los niños quienes a veces deciden el lugar, más aún: determinan el tiempo y las condiciones en las que quieren permanecer ahí.

Las miradas controladoras de antaño que no requerían palabras y que eran capaces de mover a una familia completa, hoy han sido sustituidas por la cotidiana y burlada amenaza: "Te voy a contar hasta tres".

Probablemente porque vivíamos en entornos más seguros era muy común irnos caminando a la escuela o bien tomar nuestro camión. A nadie se le ocurría enojarse si el camión hacía un sinfín de paradas o si hacía calor o frío; por otro lado, si por alguna razón nuestra mamá llegaba tarde a recogernos, era casi impensable recibirla con reclamos y exigencias. Ahora la impaciencia se impone en niños y adolescentes con una obediente y sumisa tolerancia de los padres. Las mamás o los papás corren o piden a la persona encargada de recoger a sus hijos que sean excesivamente puntuales, no sólo porque hay un horario establecido, sino principalmente para que no se enoje el niño. Si por alguna razón hay un leve retraso, irán preparando una lista de disculpas para que alguien 30 o 40 años menor no se moleste y les retire el habla o simplemente los ignore y se coloque sus audífonos para castigar con su indiferencia esa imperdonable tardanza.

NI TODO EL AMOR NI TODO EL DINERO

Aunque los abuelos recitaban con un dejo chocante de misoginia que "a la mujer ni todo el amor ni todo el dinero", para el propósito que nos ocupa podríamos afirmar que "a los hijos ni todo el dinero ni todo el amor".

No pretendo, bajo ninguna circunstancia, invitar al desamor, a la indiferencia o, aun peor, al descuido o al desapego hacia cualquiera de nuestros hijos. Por el contrario, retomo la reflexión que escuché expresar hace ya un tiempo a un reconocido rector de una importante institución educativa en nuestro país que, en una graduación de jóvenes universitarios, afirmaba que con frecuencia equivocamos o confundimos el sentido del amor, e insistía en que dejar a los hijos enfrentar su realidad, permitirles sufrir aquello que los hará más fuertes, es la práctica del amor genuino. Hablaba de cosas básicas: desde no llevar corriendo a la escuela la tarea que olvidaron en la casa para que ellos asuman sus consecuencias, hasta exigirles disciplina para el logro de sus propósitos, así como pedirles una colaboración básica en las tareas del hogar, como arreglar cada mañana su propia cama o prepararse algún alimento de vez en vez, aunque tengan la ayuda de alguien más. Comentaba la importancia de no darles aquello que ni siquiera nos han pedido para que no pierdan sus sueños ni sus propósitos, porque al darles todo, o casi todo, al resolverles y facilitarles cada día, al mal formarlos en la cultura del menor esfuerzo cotidianamente, lo que estamos promoviendo son seres humanos débiles, dependientes, profundamente egoístas y con una gran incapacidad para enfrentar el fracaso o las pérdidas. Al final de todo esto, muchos jóvenes serán todo menos felices, contradiciendo por completo el propósito que tenemos como padres.

Lo último que deseo es afirmar que el pasado siempre fue mejor y que la nostalgia debe atarnos a mirar de manera permanente el espejo retrovisor. Por el contrario, como estoy muy lejos de tener respuestas a todas estas interrogantes y a estas realidades, sólo pretendo establecer algunos marcos de reflexión acerca de la manera en que muchos de nosotros crecimos frente a las realidades que enfrentamos y que alentamos actualmente.

Este libro, de hecho, surge de la pregunta a la que considero que nos hacemos cotidianamente: ¿elegimos ser unos papás buenos o unos buenos papás? Aunque parece lo mismo, en realidad no lo es.

Si nuestros hijos afirman cosas como "Mi mamá es buenísima onda porque me deja hacer lo que quiero" o "Mi papá es a todo dar porque ni se entera de lo que hago y aunque siempre me amenaza con castigarme, nunca me lo cumple", "En mi casa cada quien hace lo que le viene en gana", "Si repruebo mi jefa me hace el paro con mi papá", "Yo sé cómo hacer para que mis papás no se metan conmigo"… podríamos aseverar que desde esta óptica somos papás buenos… Buenos para nada, pero al fin buenos.

19

Si la elección es por ser buenos padres, entonces los argumentos serán distintos: "En mi casa no puedes hacer lo que te venga en gana", "Tengo que arreglar mi cuarto y ya luego pasas por mí", "Estoy estudiando, pues aquí no hay manera de sacar una mala nota", "Tengo permiso de regresar hasta esta hora y si no cumplo, se acaban los permisos".

En el día a día la mayoría de los papás hemos ejercido en ambas pistas. En ocasiones hemos sido más papás buenos que buenos papás, y viceversa. Las consecuencias, sin embargo, suelen ser muy diferentes para aquellos que eligen cuál de estos dos roles ejercer con mayor determinación. Si se elige permanentemente ser sólo papás buenos, pues los resultados serán hijos egoístas y muy vulnerables; si lo que predomina es el esfuerzo cotidiano por ser buenos papás, entendiendo por esto un ejercicio de amor con límites, las consecuencias serán hijos más fuertes, responsables, libres y, por lo tanto, con mayor capacidad para construir su felicidad.

Hemos crecido en sociedades en las que el mayor reto es cómo superar las carencias, así que todo aquello que signifique mejorar y obtener logros es apreciado y, sin duda, también es el corazón de la prosperidad, del trabajo, de la audacia y de la innovación. *Carecer* es sinónimo de *pobreza* o, en el mejor de los casos, de no contar con los satisfactores deseados. La pregunta aquí es la siguiente: ¿cuándo cruzamos la delgada línea que pone en riesgo los sueños y los anhelos de nuestros hijos, su capacidad de amarse y de amar a los otros, condenándolos a una vida autocomplaciente y destructiva?

No es un reclamo y menos un juicio a los jóvenes de hoy. Creo en los jóvenes; he sido beneficiaria de su pasión, de sus anhelos, de la audacia con la que hoy viven, de su rebeldía frente a la injusticia. Son jóvenes de un mundo global y, por lo tanto, suelen tomar riesgos.

Conozco a muchos adolescentes que son ejemplares por sus compromisos y su manera de vivir. En diversas etapas de mi vida han sido los jóvenes quienes me han dado la fortaleza requerida; han sido niños y jóvenes quienes me han enseñado y recordado a menudo el verdadero sentido de la vida, el valor de cada instante, y en muchas ocasiones he recibido lecciones de vida de parte de mis hijas.

Si ustedes comparten conmigo estas dudas cruciales, quiero invitarlos a que hagamos un alto en el camino para preguntarnos por lo menos de qué lado de esta delgada línea nos encontramos ahora. Si hemos educado del lado del amor que ha hecho crecer en nuestros hijos sus márgenes de libertad, su fortaleza, su carácter. Si han crecido con la generosidad y la alegría indispensables para vivir cada día, con la disciplina para no rendirse y con el amor en aquello pequeño y grande que realizan, o bien, si hemos permanecido más tiempo del lado donde aquello que les damos tiene precio y hemos dejado de darles aquello que no lo tiene.

Pedir perdón por trabajar

Muchas veces he repetido una sabia sentencia de mi querido amigo Edgar Mason quien afirmaba que "tratando de dar a nuestros hijos todo lo que no tuvimos, dejamos de darles lo que sí tuvimos": esfuerzo, trabajo, hambre de triunfo, algo de sufrimiento, anhelos, desvelos, constancia, disciplina, y consecuencias.

Esta cultura de dar "demasiado" no es exclusiva de familias con mayor poder económico; no es solamente un asunto de dinero ni tampoco de grados de escolaridad. Es más bien una actitud, consciente o no, de deseo de satisfacer y resolver a nuestros hijos todo o casi todo.

Han colaborado conmigo muchísimas madres solteras y jefas de familia, y no obstante su heroico esfuerzo, su trabajo y su sacrificio, sus necesidades quedan relegadas a cambio de que el niño o niña tengan mucho más de lo que ellas han tenido, y se esfuerzan para cumplirles caprichos en juguetes u en otro tipo de demandas que para ellas significan un verdadero lujo. Las he visto salir corriendo a sus casas, después de una larga jornada, para preparar la cena y lavar la ropa a jóvenes de veinte años o más, en lugar de que ellos esperen a sus madres y las apoyen en el quehacer. Es algo así como si en sus actitudes cotidianas pidieran a sus hijos un perdón habitual por ir a trabajar para apoyarlos y sacar a sus familias adelante. Pedirles perdón por trabajar...

Por supuesto que estos comportamientos se manifiestan de manera más clara y hasta burda conforme los ingresos son mayores. Ahora están de moda los festejos de graduación, desde el jardín de niños hasta para aquellos que concluyen la preparatoria. Las celebraciones de algunos terminan en grandes bacanales en países lejanos con un VTPP (*Viaje Todo Pagado por los Papás*), como si estos jóvenes hubieran logrado la mayor proeza de su vida.

Si antes había un televisor por hogar, hoy cada quien luchará por tener el suyo; si en otros tiempos se heredaba la ropa de los hermanos mayores, ahora hay traumas porque frente a un clóset saturado "no tienen nada que ponerse".

Los niveles de tolerancia frente a una respuesta negativa suelen ser muy bajos. Un *no* como respuesta para llegar hasta el amanecer; un *no* como respuesta al típico "cómprame algo", aunque no sepan qué es ese algo; un *no* frente a una petición de apoyo económico o de ayuda personal... Un *no* suele ser una muy mala respuesta para quienes están acostumbrados a escuchar solamente un *sí* para todo aquello que piden, sea razonable o caprichoso.

Decir NO para muchos padres de familia es un ejercicio en peligro de extinción, porque se asume que decirlo provocará que nuestros hijos "se alejen", o simplemente porque es mucho más cómodo no confrontar ni ejercer la autoridad, bajo la premisa de que "somos amigos de nuestros hijos", pues que alguien más se encargue de educarlos y de ejercer como mamá o como papá sustituto. Así, las escuelas se convierten en guarderías, se pide a maestros y a abuelos que ellos eduquen, o se enchufa a los hijos a la televisión, a su celular o a la computadora para que se entretengan; o bien, si la economía lo permite, se saturan sus horarios con todo tipo de clases fuera de casa, como ballet, pintura, música, karate, y conforme van creciendo, su cita con el psicólogo o con el psiquiatra en turno. Siempre apostando a que sean otros los que ejerzan como padres mientras los responsables se asumen como "amigos".

Frente a lo anterior, los niveles de tolerancia de los niños se reducen, pues apenas suben al auto o a un transporte público su primera pregunta es: "¿Cuánto tiempo tardaremos en llegar?"

Si reprueban una materia, muchos padres pagarán clases especiales; si participan en el equipo deportivo, se esforzarán por comprarles los uniformes nuevos y de moda, y si pasan a otro año escolar, pues resulta imposible reciclar los cuadernos del curso anterior con hojas en blanco o los mismos colores y los materiales que bien podrían seguir utilizando. Y, por cierto, en este aspecto y en este compromiso de educar con mínimos de austeridad y con mayor conciencia muchas escuelas también deben hacer su parte.

Recuerdo una experiencia personal con mis hijas en un primer colegio donde la austeridad era parte de una cultura integral para los estudiantes. Las listas de útiles eran modestas, sin nada de excesos, y era obligatorio no estrenar un lápiz sin antes haberse acabado prácticamente el anterior. Era obligatorio llevar los cuadernos del curso anterior hasta escribir en la última de sus hojas. Recuerdo también que en una junta de padres de familia, cuando una mamá preguntó sobre la marca de crayones que debía comprar, la maestra sólo respondió que la marca no importaba, e incluso que si el niño ya tenía estos materiales en su casa, simplemente los llevara.

Cuando por razones de trabajo tuvimos que mudarnos a otra ciudad y acudir a una escuela diferente, el cambio fue brutal. Aún recuerdo un larguísimo pergamino que era la lista de útiles para niñas muy pequeñas con un sinfín de materiales, eso sí, todos acompañados por la marca y las cantidades, y, por supuesto, ni remotamente se consideró jamás que los cuadernos apenas usados en su tercera o cuarta parte deberían ser incluidos en el curso posterior. Recuerdo también a algunas mamás que con varios hijos buscaban comprar cada año paquetes de libros de otros alumnos que recién habían terminado el curso, pues los materiales terminaban prácticamente nuevos y sus costos eran menores.

De la austeridad a los excesos… Por eso creo que es urgente que hagamos un alto en el camino, porque si en la familia y en la escuela, que son los centros forjadores por excelencia del carácter desde las primeras edades, las reglas y los incentivos son contrarios al esfuerzo, al honor, al cuidado de ellos mismos, de los demás y de lo que tienen, no debería sorprendernos entonces cuando de pronto nos preguntamos o nos lamentamos por qué tal o cual hijo a sus treinta años de edad no trabaja, o por qué cambia de carrera como de pantalones, o por qué, con arrogancia insoportable, algunos quieren dar cátedra a sus padres en cada momento, o por qué en las empresas familiares, terminando la universidad, quieren llegar a la oficina, ser jefes y dar instrucciones, o por qué, frente a padres comprometidos y con profundo amor a México, ellos desprecian y se avergüenzan de sus raíces.

¿Dónde están los límites entre el amor y el consentimiento? Aquello de que "madre que consiente, engorda una serpiente" suena fuerte pero mucho me temo que es verdad.

CONTRASTES

Frente a las miradas dominantes con las que muchos de nosotros crecimos, hoy prefiero la comunicación abierta y cercana que se tiene en muchas familias. Frente a la consabida consigna de "esto no es para niños", hoy me encanta que se pueda hablar y discutir abiertamente lo que antes estaba prohibido.

Frente al miedo de preguntar, hoy es fascinante que no sólo niños y jóvenes pregunten, sino que el mundo tecnológico les permita investigar y conocer mundos que para nosotros fueron imposibles e inimaginables.

Ante los golpes que algunos papás o mamás soltaban a la primera, hoy me sumo al respeto y al reconocimiento de la dignidad de los niños y los jóvenes. Frente a hijas e hijos que nunca asaltaban el clóset de sus papás, hoy disfruto y me parece una complicidad extraordinaria cuando una hija quiere usar algo de su mamá. Hoy podemos compartir zapatos, una bolsa o cualquier otra prenda, y eso, hace apenas unas décadas, jamás hubiera sucedido.

Por otro lado, cuando antes veía a una familia compartiendo un televisor, obligados sus integrantes a la generosidad de dar sus espacios a otros, hoy observo la soledad de cada miembro encerrado en su habitación, comiendo delante de su computadora o de su televisión. Cuando se pierde el privilegio de sentarse alrededor de una mesa, así sea una vez a la semana, se pierde algo así como el alma de la familia. Si antes se hablaba, se reía y se contaban aventuras e incluso existía la obligación de terminar el plato de comida, hoy observo que las nuevas tecnologías son las protagonistas en muchos comedores y ya nadie dialoga entre sí.

Actualmente, estar alrededor de una mesa ya no significa necesariamente convivir o compartir; ahora cada quien, mientras transcurre la comida, está en su propio mundo hablando con sus contactos en las redes sociales e ignorando a quien tiene cerca. Así consiguen estar lejos de los que están sentados a su lado y cerca de aquellos a quienes no pueden mirar ni tocar.

Del respeto o el miedo con que antaño muchos hablaban a sus padres, hoy también observo casos en que los audífonos en los oídos de nuestros hijos bloquean cualquier comunicación, o en que un portazo da por terminada una discusión. El ambiente está cargado de faltas de respeto y los padres se las atragantan como si las merecieran. Tener o sentir miedo frente a alguien es una mala respuesta; sentir y tener respeto es la respuesta a un ejercicio asertivo de la autoridad. De ahí que sea aún más grave el miedo que algunos padres sienten frente a sus hijos... aunque no quieran reconocerlo.

Antes hacíamos las travesuras tradicionales de nuestra edad; hoy me horroriza el *bullying*, la violencia inexplicable e inaceptable entre algunos niños y jóvenes, sin la mínima consideración hacia el otro.

Frente a la valoración por un juguete, un sencillo obsequio, una salida excepcional para comer en un restaurante, hoy tenemos niños y jóvenes que dan por hecho que así debe ser, perdiendo su capacidad de admiración y en gran medida de disfrutar y ser felices.

De niños disfrutábamos con lo más básico; hoy veo que los pequeños asisten al psicólogo o al psiquiatra y me pregunto por qué nunca a nosotros nos dio por traumarnos. La palabra *psicólogo* ni siquiera se conocía y muchos papás con un palmazo creían

borrar cualquier indicio de trauma. Muy probablemente se igno-
raban problemas, daños o dolores reales de los niños y los jóvenes,
y las prácticas autoritarias en muchas familias marcaron de muchas
maneras la vida de nuestras generaciones, pero debo decir con
honestidad que algo de lo perdido podría rescatarse.

Mi querido amigo German Dehesa afirmaba que cuando uno
de nuestros hijos nos reclame que quiere ser libre, la mejor respuesta será la siguiente: "Tú puedes ser todo lo libre que quieras,
pero sin mi dinero".

Frente a un mundo de información, como nunca antes, ante las
posibilidades insospechadas que ofrece la globalización, también
hay niños y jóvenes que viven con soledad, dolor y abandono.

El futuro

Si coincidimos en que cada hogar es un pequeño país con sus leyes
o sin ellas, con autoridad o respuestas que la atropellan, con relaciones armoniosas o de confrontación permanente, con prácticas
honestas o de simulación, con consecuencias y límites, o con impunidad, entonces comprenderemos la importancia y el peso de que,
para resolver lo grande, lo que nos lastima y lo que nos disgusta, y
a la vez para fortalecer aquello que nos da un sentido de identidad,
certeza, orgullo y dignidad, es fundamental construir diariamente
millones de mejores territorios para que en ese inmenso espejo en
que nos miramos todos los días, podamos reconocernos con la alegría y la confianza indispensables para hacer posible un mejor presente y un porvenir de realizaciones y felicidad.

La impunidad que tanto daña día con día a nuestra sociedad
empieza a vivirse en el hogar. Quien no enfrenta consecuencias por

violentar una regla o un acuerdo, quien traiciona la confianza y sistemáticamente falta el respeto a otros, a sus más cercanos, entonces será un experto en vivir haciendo lo que le venga en gana sin sufrir las consecuencias por hacerlo. Habrá aprendido que cruzar los límites y pasar por encima de los otros no le significa sanción alguna y, por supuesto, tampoco le significa, como dirían nuestros abuelos, un "cargo de conciencia", porque justamente carecen de ella.

No soy una experta en relaciones familiares, pero al igual que usted, amo a mi familia y a mi país, y no quiero estar en el bando del silencio y de la omisión. Por estas razones, invité a algunas personas que han dedicado buena parte de su vida a acompañar y a apoyar de diversas maneras a muchos otros seres humanos para construir su felicidad cotidiana y lograr que estos "pequeños países" sean territorios no sólo habitables y de encuentros casuales, sino zonas que, reconociendo sus límites, respetando las reglas, ejerciendo una amorosa autoridad, colaborando en propósitos comunes, sean verdaderos hogares en los que se quiera vivir, adonde se desee llegar y amar, y no sólo asistir por confort o porque no hay otro sitio al cual ir; territorios en los que sea posible crecer y compartir y no sólo satisfacer necesidades personales.

En primer lugar agradezco el prólogo de Manuel Mondragón en el que nos deja la libertad de reflexionar y sacar nuestros propios juicios y conclusiones a partir de sus propias experiencias y hechos reales. Por otro lado, en su texto "Bastante, demasiado, mucho" la abogada y comunicadora Fernanda de la Torre refiere que educar no es fácil, y que es mucho más fácil ceder a los caprichos de los hijos. Que hablar de violencia es algo que se ha mantenido en tinieblas durante mucho tiempo, y no porque no exista, sino simplemente porque no se habla de ella, aunque, como en todo, no hablar del tema no resuelve el problema.

Siendo problemas que no presentan diferencias en clases sociales, entre las condiciones que favorecen la conducta del maltrato a los padres, al cual hace referencia la también columnista de periódico *Milenio*, se encuentran: falta de límites, ausencia de autoridad, la satisfacción de todos los deseos y caprichos del menor, la violencia en casa, la falta de educación y la incapacidad de distinguir entre lo que está bien y lo que está mal, entre otros. Situaciones que comienzan con una falta leve, como un grito al abuelo, al padre o a la madre, hasta la falta total del respeto que debe imperar en la relación de padres e hijos.

Por otro lado, la doctora Julia Borbolla, reconocida psicóloga, autora de cinco libros, consultora y terapeuta, en su texto "El vacío de la abundancia", a través de una serie de recomendaciones nos invita a ejercitar aquellas competencias que nos permitirán retomar el camino a la felicidad de nuestros hijos, dejar atrás esos hijos aburridos, insatisfechos, que se perciben en desventaja por aquello que les falta, porque nada es suficiente aunque como padres premiemos, compensemos tiempo y culpas o demostremos nuestro amor comprándoles cuanto nos piden y dejemos de lado ese sentimiento de paternidad frustrada al percibir que hemos criados hijos "ingratos", "inconscientes" y "materialistas". Ambos grupos con un sentimiento de vacío en medio de la abundancia.

En el siguiente capítulo, Carlo Clerico, ingeniero y terapeuta Gestalt nos muestra de una manera sencilla y amena que la adversidad, la sombra, el fracaso, la enfermedad y el miedo son parte de la vida, como la alegría, la luz, el éxito, la salud y el amor. Que la vida viene con luces y sombras.

En su texto "Formar desde la adversidad" nos invita a reflexionar acerca de "dónde estamos y dónde están nuestros hijos"; a completar el proceso "desde tu hijo y no desde ti"; a construir un diálogo congruente y aceptante en el que la empatía —definida como la decisión de estar de modo total para, por y con el otro— no sea otra cosa que el modo humano de amar y que, sobre todo en los niños, no requiere palabras.

En el cuarto capítulo, pareciera que "Educar a los hijos duele". Con este título, la contadora pública Mariana Di-Bella trata la difícil tarea de ser padre, de poner límites, de restablecer la comunicación con los hijos, de responder a interrogantes como: ¿por qué los hijos ignoran, exigen y desprecian a sus padres después de que se cree haberles dado todo? Con ejemplos claros y sencillos tomados del consultorio, situaciones con las que convive diariamente, nos muestra algunas maneras de sanear las relaciones de padres e hijos, desde regresar a sembrar la semilla del esfuerzo en los jóvenes, hasta lograr un espíritu de madurez, responsabilidad y compromiso en ellos.

La aventura, en palabras de la también conductora del programa de televisión Aprendiendo a vivir, es muy difícil; sin embargo, como bien lo menciona, "si resistimos para combatir el vacío de la abundancia, la meta de ser felices se alcanzará mucho más rápido para tus hijos y para los míos, para los que convivirán con ellos, los que serán sus parejas y los que les prestarán servicios".

Desde otro punto de vista, en la investigación de esta problemática encontramos el único centro en México con un equipo multidisciplinario de diagnóstico y tratamiento integral para adolescentes (Remembranza), cuya presidenta, mujer comprometida y entregada con su país, Laura Alicia Peralta Quintero, generosamente acepta compartir la experiencia de su extraordinario equipo en este texto.

Remembranza surge en respuesta a la problemática de una madre que, como muchas hoy en día, se ve ante un hijo demasiado inquieto, desobediente, expulsado de diversas escuelas, y frente a un padre en desacuerdo en poner límites, pensando (lo que sin duda también es recurrente) que eso lo puede traumar. La familia acudió a diferentes médicos cuya única opción fue la medicación, pero al no resolverse el problema, éste creció. Cuando el chico cumplió quince años empezó el maltrato hacia su padre llegando incluso a golpes de manera reiterada.

En ese entorno, Peralta Quintero, amiga entrañable de esa madre desesperada, se da a la tarea de investigar si existe alguna institución a la cual acudir en México y en Latinoamérica, y descubre que no la hay para atender a este tipo de pacientes. Sólo en Estados Unidos existían dos instituciones especializadas en el tema de la violencia. "Pensar en cuánta gente tiene el mismo problema me llevó a asesorarme con un reconocido médico en Estados Unidos, y a tomar la decisión de crear una clínica en mi país donde el tratamiento fuera diseñado por especialistas, psicólogos, paidopsiquiatras y neurólogos, todos mexicanos, basados en nuestra cultura."

Así nace Remembranza, una institución formada por un equipo multidisciplinario que tiene la intención de obtener un diagnóstico puntual y completo de cada uno de los casos que atiende y diseñar un tratamiento certero, atendiendo a todas las necesidades detectadas para evitar, de esta forma, que los padres pierdan tiempo probando un tratamiento tras otro y que el problema se salga de control.

Finalmente, he dejado el texto de mi amigo y admirado columnista de *El Universal,* el doctor Arnoldo Kraus, como parte de las conclusiones de este libro, porque sumado a las recomendaciones de este extraordinario grupo de hombres y mujeres que trabajan para sanear nuestras relaciones de padres e hijos, su artículo "Ética en casa" es el antídoto contra aquello que amenaza al ser humano como especie y a la Tierra como casa. A todos, nuevamente gracias por sus espléndidas aportaciones.

Buenos padres

Es justo reconocer que para muchos de nuestros hijos es muy difícil y adverso crecer en sus entornos familiares. En algunos casos porque, como bien dice otro buen amigo mío, queremos que nuestros hijos "sean como nosotros, sólo que PERFECTOS", y esta presión les debe resultar insoportable, ya sea porque están obligados a ocupar cada minuto de su día en alguna clase extraescolar para tenerlos haciendo "algo", o porque muchos se sienten obligados a cumplir todas las expectativas que tienen sus padres sobre ellos.

También hay padres que sienten que sus hijos son un estorbo, y harán todo lo posible para que sean otros quienes se encarguen de su educación. Hasta el grado de que la indiferencia y el abuso de los padres generan una profunda soledad y un gran desamor en sus hijos. Prueba de esta soledad es que de 2003 a 2012 el Instituto Nacional de Estadística, Geografía e Informática (INEGI), contabilizó 47 359 casos de suicidio. De ellos, en 45% de los casos la persona que atentó en contra de su vida tenía menos de 29 años; en uno de cada cinco suicidios, la persona tenía menos de 19 años.

Reconozco que me he colocado en los extremos porque eso me permite contrastar los cambios entre la familia que tuvimos y la que tenemos ahora. Aunque no pierdo de vista que en el mundo real no hay sólo blancos y negros, sino muy diversos tonos. Ser una buena mamá y ser un buen papá exige congruencia, compromiso y esfuerzo cotidiano; nos demanda también alegría, capacidad de perdón y una gran disposición para aprender a ejercer una responsabilidad para la cual generalmente no asistimos a un curso en nuestras vidas. Aprender a amar a nuestros hijos es regresar día con día a los valores más básicos, a vivir con las reglas que nos recuerda un libro que hace algunos años se convirtió en un éxito: *Todo lo que hay que saber lo aprendí en el jardín de infantes* (1988), del escritor estadounidense Robert Fulghum:

Siendo ya anciano me di cuenta de que ya sé la mayor parte de lo que hace falta para vivir una vida plena, que no es tan complicado.

Lo sé. Y lo he sabido desde hace mucho, muchísimo tiempo. Aquí está mi credo:

Todo lo que hay que saber sobre cómo vivir y qué hacer, y cómo debo ser lo aprendí en el jardín de infantes.

La sabiduría no estaba en la cima de la montaña de la universidad, sino allí, en el arenero, en el patio del jardín... en los rincones... en la hora de la merienda... Éstas son las cosas que aprendí:

Compártelo todo.

Juega limpio.

No le pegues a la gente.

Vuelve a poner las cosas donde las encontraste.

Limpia siempre lo que ensucies.

Pide perdón cuando lastimes a alguien.

Lávate las manos antes de comer.

Sonrójate.

¡Las galletas tibiecitas y la leche fría son excelentes!

Vive una vida equilibrada.

Aprende algo y piensa en algo. Dibuja, pinta, canta, baila, juega y trabaja cada día un poco.

Duerme la siesta.

Cuando salgas al mundo, ten cuidado con el tráfico.

Tómate de las manos y no te alejes.

Permanece atento a lo maravilloso.

Recuerda la pequeña semilla en el vaso, las raíces bajan y la planta sube y nadie sabe realmente cómo ni por qué, pero todos somos así.

Los peces de colores, los ratones blancos e incluso la pequeña semilla del vaso, todos mueren y nosotros también.

Recuerdo una de las primeras palabras que me enseñaron, una muy grande: MIRA.

Todo lo que necesitas saber estaba allí, en alguna parte del jardín de infantes... La regla de oro, el amor y la higiene básica. La ecología y la política, la igualdad y la vida sana.

Toma cualquiera de esos rubros y tradúcelo en términos adultos sofisticados y aplícalo a tu vida familiar o a tu trabajo, a tu gobierno o a tu mundo, y se mantendrá verdadero, claro y firme.

Y aún sigue siendo verdad, no importa cuán grande seas, "que al salir al mundo es mejor tomarse de las manos y no alejarse demasiado".

No existen los papás perfectos; sólo son perfectos los que nunca han tenido hijos. Sin embargo, sí existe la experiencia, la capacidad de aprender, de probar e intentar siempre ser mejores, de ayudar y de pedir ayuda. En especial, de reconocer con honestidad cuando hemos fallado y cambiar en lugar de culpar a otros o de atormentarnos.

Los invito a que hagamos un alto en el camino: los papás, nuestros hijos, los maestros, las autoridades, los medios de comunicación… Y, en especial, conmino a los papás que se están estrenando en esta maravillosa y desafiante tarea a que observen a su alrededor y decidan si eligen ser unos papás buenos o unos buenos papás.

CAPÍTULO 1

Bastante, demasiado, mucho

Fernanda de la Torre Verea

> Dar amor constituye en sí dar educación.
>
> Eleonor Roosevelt

> La educación es el arma más poderosa que puedes usar para cambiar el mundo.
>
> Nelson Mandela

> Las raíces de la educación son amargas, pero los frutos son dulces.
>
> Aristóteles

Demasiado… ¡qué palabra tan compleja! Siempre que la escuchamos algo desagradable o negativo está relacionado con ella. "Demasiado", como adjetivo, significa que excede de lo necesario o conveniente. Como adverbio significa excesivamente, y los excesos no son buenos.

Cuando Josefina me invitó a escribir un artículo para este libro y me comentó la problemática de dar demasiado a los hijos, no pude evitar pensar en una cápsula cultural que elaboré hace unos años con mi amiga Pilar Montes de Oca, sobre las diferencias entre las palabras: bastante, demasiado y mucho. "Bastante" significa que hay suficiente, ni mucho ni poco, ni más ni menos de lo regular, ordinario o preciso; ni sobra ni falta. "Mucho" representa abundancia, y "demasiado" siempre lleva una connotación negativa. Cuando usamos "demasiado" es porque ya se pasó, coció, desbordó. Si comemos demasiado nos sentimos mal; si gastamos demasiado nos endeudamos; si amamos demasiado, no hablamos de amor: es codependencia. Es incorrecto decir que el libro te gustó bastante si lo consideras muy bueno, ya que lo que estás diciendo es que te gustó lo suficiente. Por otro lado, si algo te gusta demasiado —lo que sea—, representa un problema. Pilar, como buena lingüista, se centra en el uso correcto de las palabras, pero para los objetivos de este artículo me gustaría ver los efectos que éstas tienen en la educación de nuestros hijos.

Los hijos necesitan que los padres les pongan límites. Éstos crean la zona segura en la cual podemos transitar. Aunque no lo parece, a todos nos gustan los límites ya que finalmente crean certidumbre. Si tu padre te dice que puedes salir, pero que tienes que regresar a las 9:00 de la noche y que si no lo haces estarás castigada durante dos semanas, te queda claro cuál es la regla y la sanción por el incumplimiento de la misma.

Recuerdo que cuando mi hijo tenía unos siete u ocho años, comentó, respecto de la mamá de otro amigo: "Es que Ceci no tiene fuerza de mamá". No entendí bien lo que me decía, y le pedí que me explicara esto de la "fuerza de mamá". Me dijo: "Fuerza de mamá es que cumpla las amenazas. Ella le dice a Alberto que si no se viste con la ropa de salir no va a la fiesta, pero él acaba haciendo lo que quiere siempre porque sabe que su mamá no cumple las amenazas, por eso iba así a la fiesta". No se puede culpar a nadie por no tener esta "fuerza de mamá"; lo cierto es que es más fácil ceder a los caprichos de los hijos que resistirnos a ellos. La mayoría de las veces es más sencillo comprar el dulce y salir del problema, que soportar el berrinche dentro del supermercado y las miradas de todos los que nos rodean fijas sobre nosotros. Educar no es fácil. Generalmente queremos dar lo mejor a nuestros hijos. Muchas veces hasta nos excedemos de nuestras posibilidades económicas para cumplirles un capricho. Esto es un error. Está muy bien que nuestros hijos requieran mucho amor, pero las cosas materiales y nuestra atención deben ser siempre bastantes, nunca demasiadas.

Los límites deben existir, y si se transgreden, debe haber consecuencias. Tenemos que recordar que somos libres para elegir muchas cosas, pero no podemos evitar los resultados de nuestras elecciones. Si un día desobedecemos una regla, habrá que acatar las consecuencias, tanto las que preveíamos y esperábamos, como las que no queríamos y nunca imaginamos. Si un joven sabe que debe llegar a su casa a cierta hora o de lo contrario no podrá salir una semana, y rompe la regla, su conducta debe ser castigada. De esta manera aprenderá a asumir los efectos de sus actos y de sus decisiones, y respetar los límites. Si no pasa nada cuando traspasamos un límite, ¿cómo aprender a respetarlos?

El hecho de no poner límites a nuestros hijos y enseñarles a acatarlos tiene muchas repercusiones negativas. Va mucho más allá del berrinche que comentábamos afuera del mercado porque no les compramos un juguete. La ausencia de restricciones, la sobreprotección, el hecho de darles demasiado, son factores para criar hijos con "Síndrome del Emperador" (o hijos tiranos) y, en algunos casos, esta problemática llega a transformarse en unas historias dolorosas de violencia filio-parental.

Podemos encontrar violencia en todas partes; sin embargo, hay un lugar donde es aún más dolorosa verla y, por ende, aceptarla:

en la familia. Resulta atroz saber que hay padres que abusan de sus hijos, cuando tienen la obligación de velar por ellos. Es terrible que cónyuges se lastimen con lesiones que causan hasta la muerte, y es igualmente tremendo y doloroso que haya hijos que agreden a sus padres.

Hablar de la violencia no es fácil; por lo mismo, es algo que se ha mantenido en tinieblas durante mucho tiempo. No es que no haya existido antes o que sea una cuestión moderna; simplemente se ha callado. Al igual que esconder la basura debajo de la alfombra no hace que la casa esté limpia, sino que sea más difícil verla a simple vista, el no hablar del tema de la violencia familiar no va a resolver el problema ni mejorará las relaciones filio-parentales.

PSICOTERAPIA DE LA VIOLENCIA FILIO-PARENTAL

De acuerdo con lo que comenta Roberto Pereira en su libro *Psicoterapia de la violencia filio-parental,* la violencia familiar en España ha aumentado en los últimos años, así como las denuncias de padres que son maltratados por sus hijos:

Los medios de comunicación han reflejado durante los cuatro últimos años un espectacular incremento de lo que podemos denominar "tercer tipo de violencia intrafamiliar": la violencia de hijos a padres, o violencia filio-parental. Históricamente, en primer lugar se prestó atención a la violencia paternofilial, luego a la violencia conyugal y, en la actualidad, emerge la violencia filio-parental. Las memorias judiciales de estos últimos años recogen un notable aumento de las denuncias de padres agredidos por sus hijos: No existen estudios fiables de prevalencia e incidencia, aunque sí se constata en todo el mundo occidental su incremento constante. Los especialistas explican que este fenómeno es similar a lo que ocurrió con otros tipos de violencia intrafamiliar. Al igual que el maltrato infantil y la violencia conyugal, que han existido siempre, han requerido que se haga un esfuerzo por sacarlos a la luz para poner al descubierto un problema oculto.[1]

La violencia filio-parental ha permanecido encubierta como uno más de los conflictos de las familias con disfuncionalidades. Pero de un tiempo a las fecha se ha visto que este tipo de violencia aparece en familias aparentemente normales sin que lo hijos hayan presentado problemas previos.

Déjenme ponerles un ejemplo.

Suena el teléfono celular de Cheli, una adolescente de 15 años. Aparece en mayúsculas la palabra INSOPORTABLE en la pantalla a modo de nombre. La chica hace una mueca de fastidio mientras mira el teléfono. Suena una vez más y finalmente contesta: "Hola, mamá. ¿Qué demonios quieres?" Del otro lado de la línea, la madre le pide algo. La hija sólo responde entre dientes: "Eres insoportable", y cuelga. Las amigas con las que se encuentra, ríen.

A pesar de que nos cueste trabajo aceptarlo, existen hijos que actúan como tiranos con sus padres —un fenómeno que hubiera sido impensable hace unas décadas, cuando los padres controlaban a sus hijos con la mirada—. Les pierden el respeto, los

---

[1] Roberto Pereira, *Psicoterpia de la violencia filio-parental,* Morata, España, 2011.

maltratan psicológicamente y, en algunos casos, hasta llegan a agredirlos físicamente. Es, como mencioné antes, el Síndrome del Emperador.

Pero, independientemente de cómo nos refiramos al problema, los hijos tiranos (o quienes padecen el Síndrome del Emperador) son personas egoístas, egocéntricas —ya que están seguros de que el mundo gira a su alrededor—, intolerantes y crueles. El doctor Javier Urra, autor de *El pequeño dictador*[2] y doctor en psicología con la especialidad de clínica y forense, los define de la siguiente manera:

> Hacen rabiar a sus padres, molestan a quienes tienen a su alrededor, quieren ser constantemente el centro de atención y que se les oiga sólo a ellos; son desobedientes y desafiantes. No toleran los fracasos; no aceptan la frustración. Echan la culpa a los demás de las consecuencias de sus actos. La dureza emocional crece, la tiranía se aprende, si no se les pone límites.
>
> Hay niños de siete años, y menos, que dan puntapiés a sus madres y éstas dicen: "Eso no se hace", mientras sonríen, o que estrellan en el suelo el bocadillo que les han preparado y, posteriormente, ellas les compran un bollo.[3]

¿Qué ocasiona este problema? ¿Quién tiene la responsabilidad de que existan estos pequeños tiranos? ¿Los padres? ¿El destino? El doctor Vicente Garrido Genovés, reconocido psicólogo crimi-

---

[2] Javier Urra Portillo, *El pequeño dictador: cuando los padres son las víctimas. Del niño consentido al adolescente agresivo,* La esfera de los libros, España, 2006.

[3] www.javierurra.com/index.php/hijos-tiranos/.

nalista español, autor del libro *Los hijos tiranos*,[4] considera que si bien el componente ambiental es importante, no toda la culpa es de los padres, ya que existe un componente genético hereditario que puede provocar la ausencia de conciencia. Por su parte, el doctor Javier Urra considera que si la herencia crea una tendencia, lo que marca y cambia a un ser humano es la educación. Finalmente, resulta difícil saber en cada caso quién es el culpable: si debemos la tiranía de los hijos a la genética o a la educación. Lo cierto es que una educación sin límites no favorece a nadie.

Javier Urra también publicó un artículo titulado "Hijos tiranos" en la revista electrónica de información para padres de la Asociación Española de Pediatría de Atención Primaria. En éste comenta que para evitar la violencia de hijos a padres debe haber una respuesta al primer indicio de agresión, aunque los niños todavía sean muy pequeños.

Debe haber respuestas enérgicas, claras, contundentes, rápidas y contenedoras. El niño debe comprender y comprobar, en ese instante, que lo que ha hecho está mal, muy mal, que jamás se le permitirá volver a hacerlo, ni a intentarlo. Padres, abuelos, al unísono, por el bien del niño y de ellos, no lo pueden consentir ni minusvalorar, porque esto es el principio. El niño, en muchos hogares, se ha convertido en el dominador de la casa; se ve lo que él quiere en la televisión; se entra y se sale a la calle si así le interesa a él; se come a gusto de sus apetencias.[5]

---

[4] Vicente Garrido Genovés, *Los hijos tiranos. El síndrome del emperador*, Ariel, España, 2005.

[5] www.famiped.es/volumen-3-no-3-septiembre-2010/violencia-familiar/hijos-tiranos.

De acuerdo con el doctor Urra, los niños tiranos imponen sus deseos ante unos padres que no saben decir "no". Saben bien que las pataletas y los llantos les sirven para conseguir su objetivo.

La tiranía —dice Javier Urra en su artículo— puede acabar en denuncia de los padres contra algún hijo, por estimar que el estado de agresividad y violencia ejercido por éste o ésta afectaba ostensiblemente el entorno familiar. Otros hechos asociados son las fugas del domicilio, el absentismo escolar y las conductas cercanas al conflicto social. En otros casos, el hijo o hija entra en contacto con la droga y es a partir de ahí cuando se muestra agresivo/a. Algunos hijos utilizan a sus padres como "cajeros automáticos", los chantajean, o manifiestan un gran desapego hacia sus progenitores.[6]

Y el doctor Urra prosigue:

La tiranía se convierte en hábito o costumbre que va en aumento; no olvidemos que la violencia engendra violencia. Las exigencias cada vez mayores obligan necesariamente a decir un día NO, pero esta negativa no es comprendida, pues en su historia vivida no han existido topes [...] Las causas de la tiranía residen en una sociedad permisiva que educa a los niños en sus derechos pero no en sus deberes, donde ha calado de forma equívoca el lema: "No poner límites" y "Dejar hacer", impidiendo una correcta maduración. Todo ello en ocasiones sobre una falta de valores básicos. Respecto de los medios de comunicación, y primordialmente de la televisión, es incuestionable que el exceso de actos violentos, muchas veces sexuales, difuminan la gravedad de los hechos. Las funciones parentales clásicamente definidas se han diluido, lo cual es positivo si se comparten obligaciones y pautas educativas, pero

---

[6] *Idem.*

resulta pernicioso si hay un cierto abandono con desplazamiento de responsabilidades.[7]

La violencia filio-parental es un fenómeno que no presenta diferencias en clases sociales. Sin embargo, existen condiciones que pueden favorecer la conducta de maltrato a los padres, como un entorno violento, la falta de límites y de autoridad, y ausencia de educación en valores, entre otros.

VIOLENCIA FILIO-PARENTAL: UN PROBLEMA OCULTO

Para los padres, aceptar que son víctimas de la violencia filio-parental no es fácil. Como con otros problemas con los hijos, les cuesta trabajo verlo; por lo mismo, lo justifican o lo niegan. Difícilmente comentarán este problema con amigos, o pedirán apoyo u orientación a profesores, psicólogos u otros padres con el mismo problema. Por esta negación es difícil conocer la verdadera dimensión del problema. Si nos basamos en reportes, seguramente será menor a otros tipos de violencia, pero esto no quiere decir que la violencia filio-parental no exista. Simplemente significa que los padres no quieren denunciar a sus hijos. No me sorprende. Antes de que los padres tengan el valor de denunciar a su hijo por maltrato, deben haber pasado muchas, muchísimas otras agresiones por alto. Las razones para cada uno son diferentes. Quizá para algunos será por culpa o por sentirse responsables, ya que presentar una denuncia ante la autoridad supone aceptar que se equivocaron en la educación de sus hijos; para otros será por el mismo miedo que

---

[7] *Idem.*

les tienen a sus hijos. No importa. Es un tema espinoso. Supongo que debe ser mil veces más fácil denunciar a tu pareja por maltrato que a tu propio hijo.

Desde el punto de vista penal, la violencia familiar se define como "el uso de la fuerza física o moral, así como la omisión grave, que de manera reiterada se ejerce en contra de un miembro de la familia por otro integrante de la misma contra su integridad física, psíquica o ambas, independientemente de que pueda producir o no lesiones".[8]

Al igual que otros casos de violencia, no es un fenómeno que se presenta súbita e inesperadamente. Al contrario, va escalando poco a poco. Se inicia con una falta leve: un grito al abuelo, al padre o a la madre. Después pasa a un berrinche desproporcionado en el que arroja objetos o una patada, hasta que se pierde el respeto que debe imperar en la relación de padres e hijos y se llega a agresiones tanto físicas como psicológicas.

Sobreprotección, un grave error

Martha Alicia Chávez, autora del libro *Hijos tiranos o débiles dependientes,* a quien entrevisté para redactar este artículo, considera que el esfuerzo de los padres por facilitar todo a los hijos es contraproducente. "En mi experiencia profesional he visto que mientras más les dan, más les quieren facilitar la vida, y al darles la vida masticada, más ingratos se vuelven los hijos. Llegan al punto de suponer

---

[8] Código Penal Federal, artículo 343 bis, en http://mexico.justia.com/federales/codigos/codigo-penal-federal/libro-segundo/titulo-decimonoveno/capitulo-octavo/.

que es su obligación. Que es obligación de los padres atender sus demandas y ni siquiera lo valoran ni lo agradecen."

La sobreprotección tiene muchas caras. Va más allá de poner un suéter al niño que no tiene frío o permitir un berrinche. La autora lo explica:

Es darles más de lo que necesitan. Darles lo que no requieren o dárselo antes de que lo necesiten; facilitarles la vida. No permitirles vivir las consecuencias de sus actos. No poner límites, no poder decirles "no". Si los padres toleran que les griten, les escupan, los insulten, los maltraten, entonces convierten a los hijos en tiranos o en débiles dependientes.

Un hijo tirano es alguien con mucho poder en la familia, y lo ejerce siendo déspota, majadero, agresivo, demandante. El hijo tirano exige y esta exigencia no sólo se queda en el núcleo familiar; se extiende. Los hijos tiranos suponen que todos estamos aquí para ver qué se les ofrece y servirles, y que el mundo debe caminar a su ritmo y oler a lo que ellos quieren que huela, y saber a lo que ellos quieren que sepa. Un común denominador en los hijos tiranos de cualquier edad (los hay de todas las edades, aún muy pequeñitos) es el resentimiento que tienen a sus padres. Tienen una baja autoestima, padecen culpas, se sienten incómodos y, en el fondo, saben que sus padres los han convertido en los monstruos que son.

¿Por qué permiten los padres esta conducta de falta de respeto y de agresiones? Martha Alicia Chávez comenta que existen varios factores:

Puede ser que los padres hayan tenido una vida difícil, quizá trabajaron desde muy jóvenes, o tal vez hayan tenido que hacerse cargo de responsabilidades fuertes en la familia. Ellos quieren evitar que sus hijos pasen por lo mismo. Entonces, como reacción a esa vivencia de la infancia, tienden a darles de más, a sobreprotegerlos y a facilitarles la vida.

Otro factor es la culpa. Mientras más culpa tiene una madre o un padre, más inclinado va a estar a la sobreprotección. La culpa es mala consejera y de alguna manera se tiene que compensar. Los padres se pueden sentir culpables por varias razones. Si tienen la creencia de que son malos padres, eso genera culpa. Si sienten rechazo hacia un hijo, genera culpa. Este sentimiento de rechazo es común que se perciba y puede ocasionarse por diversas razones: ya no tenían ganas de procrear más hijos y este último se coló; querían un hombre y fue mujer (o viceversa); porque se parece al suegro; porque se parece tanto al padre o a la madre y, por lo tanto, proyectan tanto en él sus defectos —que no reconocen como suyos—, que desdeñan al hijo.

Puede ser agobio. Si los padres tienen muchos problemas para mantenerlos, cuidarlos, etcétera, se sienten agobiados y los rechazan. El rechazo puede llevarlos a sentir una culpa enorme porque se supone que nada más por ser madre o padre en automático viene el amor incondicional, y no es así.

Por otro lado, un hijo sobreprotegido en realidad es un hijo desdesdeñado. Porque cuando hay desdén, por la razón que sea, se genera tanta culpa y tanta vergüenza en un padre que casi nadie las puede reconocer. Es difícil aceptar que no quieres a tu hijo; por lo tanto, lo conviertes en un mecanismo inconsciente que se conoce como "formación reactiva". "Lo que siento es rechazo, y como me perturba mucho, lo convierto en su opuesto, que es la sobreprotección." Darle todo, tolerarle todo. Un pseudoamor, como si quisiera convencer al mundo y a mí mismo de cuánto lo amo, cuando en realidad lo que siento es rechazo, pero me da mucha culpa reconocerlo.

REGLAS DE ORO PARA LA VIDA,
DE MARTHA ALICIA CHÁVEZ

1) Todo lo que tu hijo pueda hacer por sí mismo, deja que lo haga. Si es capaz de abrir su paquete de galletitas, deja que lo haga. Desde bebé. Si ves que tu hijo tiene la capacidad y sin embargo haces las cosas por él, eso es sobreprotección. Si puede amarrarse las agujetas, déjalo que lo haga. Si ya está casado y no puede pagar la renta, y como padre se la pagas, es sobreprotección. Porque él tiene la capacidad para hacerlo.

2) Permíteles vivir las consecuencias de sus actos y sus decisiones. Es la mejor manera de que maduren y se vuelvan responsables. Si no lo haces, es sobreprotección.

3) Desarrolla en ellos la tolerancia a la frustración. Esta tolerancia es una fuerza de carácter, una capacidad interior. Una fuerza que me va a ayudar a sobrevivir cuando las cosas no son como yo quiero que sean. Y muy seguido no son como uno quiere que sean, ¿verdad? Entonces, ¿cómo les ayudamos a desarrollar esta tolerancia? Dejándolos vivir su realidad tal cual. Por un lado, permitiendo que vivan las consecuencias que ya mencioné, pero, por otra parte, "dándoles realidad". Por ejemplo: un adolescente quiere unos tenis que cuestan tres mil pesos. Su realidad es que puedo comprarle los de trescientos y, por lo tanto, tiene dos opciones: ser feliz con éstos o ponerse a trabajar para conseguir el dinero de aquéllos. Otro ejemplo: unos papás quieren meter a su hijo a un colegio que es carísimo, pero el papá no genera tanto dinero y apenas tienen para sobrevivir. Entonces la suegra empieza a decir que todos los apoyen para que puedan pagar esa escuela. ¡Claro que no! La realidad es que sus padres pueden pagar el colegio tal, no el otro. Punto. Eso es *darles realidad*. Si quiere algo de inmediato, hay que decirle: ahora no,

tienes que esperar a que me paguen. Postergar la gratificación ayuda a fortalecer el carácter y la tolerancia a la frustración.

4) Implementa una disciplina en tu hogar. Hay que entender el por qué y para qué de la disciplina. Ésta fortalece la tolerancia a la frustración, ayuda a madurar y a evitar conflictos en la familia. Hay que instaurar la disciplina en los tres o cuatro puntos que son fuentes de conflicto, es decir, en aquellos por los cuales pelean. No todo puede estar disciplinado, porque entonces el hogar se vuelve un colegio militar. Por ejemplo, con un adolescente: los días que pueden salir y la hora de llegada, y debe cumplir lo que se establezca; de lo contrario, deberá haber una consecuencia.

Seguir estos puntos es el mejor regalo que puedes hacerle a tus hijos, ya que se convertirán en personas maduras, que entienden de qué se trata la madurez y la vida.

Carlos Álvarez, pasante de la maestría en Educación Familiar por la Universidad Panamericana, comenta:

Anteriormente pensábamos que los problemas se ocasionaban por un descuido excesivo, pero ahora nos hemos dado cuenta de que el problema es el exceso de cuidados. El darles todo a los hijos les dificulta el ingreso a la sociedad, porque no tienen las herramientas necesarias para poder integrarse. No tienen una cultura del esfuerzo, y desgraciadamente, cuando los padres empiezan a privarlos de lo que siempre les han dado, ahí empieza la agresión que primero es verbal y después se convierte en física.

Según la opinión de Carlos Álvarez,

los padres no denuncian porque piensan que a los hijos les va a ir peor, que irán a la cárcel o les sucederá algo negativo. Temen al escarnio público y que se les vea como culpables, ya que fueron ellos quienes no supieron educarlos. A fin de cuentas es un fracaso.

Para que los hijos tengan el valor de golpear a los padres generalmente suelen estar bajo la influencia de las drogas o el alcohol.

Si vives una situación de violencia, no dudes y acude con las autoridades de tu localidad. Tal vez sea una medida extrema, pero es mejor a que después se presenten incidentes más graves.

¿ESTAMOS PERDIDOS?

No. Ciertamente podemos prevenir y evitar este problema. Se requiere firmeza y educar a los jóvenes desde que están en la cuna. Enseñarles los límites, cumplir los castigos, no sobreprotegerlos.

Según el doctor Urra, lo que hay que hacer es:

formarlos en la empatía, motivarlos sin el estímulo vacío de la insaciabilidad, educarlos en sus derechos y deberes, instaurar un modelo de ética que priorice el razonamiento, la capacidad crítica y la responsabilidad de asumir las consecuencias que la propia conducta tendrá para los demás. Enseñarles a diferir las gratificaciones, a tolerar frustraciones, a controlar los impulsos y a relacionarse respetuosamente con los otros. En definitiva: fomentar la reflexión y el diálogo como contrapeso a la acción […] Impulsaremos hombres y mujeres que la escuela integre, y dedique más tiempo a los más difíciles, quebrando este círculo vicioso ocasional: "Sal de clase al pasillo, del pasillo al patio, del patio a la calle". Entre todos podemos ayudar a las familias a que impere la coherencia y se erradique la violencia.[9]

Por otro lado, no debemos confundir atención y cariño con la cesión a todos sus caprichos. Una buena educación no tiene que ver con el precio de la escuela que pagamos. Enseñar a los hijos a vivir de acuerdo con su realidad es un regalo. El hecho de que entiendan que no se puede tener tal o cual cosa, independientemente de que la necesitemos, porque no podemos pagarla, y que si la quieren tendrán que trabajar por ella, es una de las mejores lecciones que podemos dar a nuestros hijos, lo mismo que enseñarles que se valgan por sus propios medios y establecer límites claros.

Hay que enseñar a nuestros hijos que la felicidad y el cariño no dependen de las cosas materiales y hay que hablarles de las virtudes del altruismo.

Mattieu Ricard,[10] llamado "el hombre más feliz del mundo", quien relaciona la felicidad con el altruismo, destaca que la felicidad no está en el cumplimiento de nuestros deseos, sino en la calidad de nuestras relaciones humanas, y éstas no se pueden conseguir en la burbuja del ego. "El sentir que hemos realizado una ayuda que vale la pena, como una donación, es de lo más grati-

---

[9] *Idem.*

[10] Matthieu Ricard es un monje budista francés que saltó a la fama gracias a unos estudios que realizó el doctor Richard J. Davidson, del Laboratorio de Neurociencia Afectiva de la Universidad de Wisconsin, en los que, mediante una resonancia magnética, medía la actividad en el cerebro que se relaciona con la felicidad. Los resultados de Matthieu, comparados con los de los demás voluntarios, estaban totalmente fuera rango. Por eso es llamado "el hombre más feliz del mundo". Ricard es autor de varios libros.

ficante que uno puede experimentar". De acuerdo con el monje tibetano, el altruismo es como un músculo: puede ejercitarse y mejorar, de la misma forma que se entrena para un maratón.

En una entrevista que le hice hace tiempo a Matthieu Ricard, consideraba que el bienestar

No es una sensación placentera, o alegría temporal, que puede darse en muchas circunstancias. El placer puede cambiar; el sentimiento hacia una persona de admiración puede cambiar. El confort puede cambiar. Si comes demasiado de algo bueno, o escuchas muy buena música por demasiado tiempo, o si tomas un baño demasiado largo, el placer se convierte en una pesadilla. El bienestar es diferente. Es una nébula de muchas cualidades humanas básicas: como altruismo, compasión, libertad y fuerza interiores. Y todas éstas juntas proporcionan un estado mental que te permite lidiar exitosamente con los altibajos de la vida. Te da un sentido de dirección, significado, valor, apertura a los otros, y te ayuda a florecer por ti mismo.[11]

Ricard tiene razón: la felicidad no es tener el juguete que queremos en el momento que lo queremos; ésta sería una simple satisfacción momentánea a nuestros deseos y así debemos entenderlo para que podamos explicárselo a nuestros hijos. La labor de los padres no es cumplir todos los caprichos de sus hijos, sino enseñarles el camino para que entiendan y encuentren la verdadera felicidad. Decir "no" cuesta mucho trabajo. Sin embargo, si como padres no usamos esa palabra con *bastante* frecuencia, tendremos *demasiados* problemas con nuestros hijos.

---

[11] www.milenio.com/firmas/fernanda_de_la_torre/Sigue-feliz-mundo_18_343345667.html.

*

Fernanda de la Torre Verea nació en la ciudad de México y estudió derecho en la Universidad Iberoamericana. Se inició en los medios de comunicación en 2004 con la columna "Neteando con Fernanda", que aparece los domingos en *Milenio Diario,* y colabora regularmente en la revista *Contenido.* Es autora del libro *Sólo para parejas: una guía en convivencia para que tu media naranja no se convierta en tu medio limón* y del libro de cuentos *Una visita al Museo de las Relaciones Rotas: relatos de desamor.*

CAPÍTULO 2

El vacío de la abundancia

Julia Borbolla Hano

"Mamá, papá, cómprame algo", es una de las frases más comunes de los niños de hoy. Esos mismos que tienen en casa un arsenal de juguetes olvidados, incompletos o simplemente pasados de moda y que siguen pidiendo que se les compre todo lo que ven, y rápido.

Para esos pequeños tiranos la ilusión del juguete dura menos que lo que tardaron en abrirlo, y ése es el claro síndrome del "vacío de la abundancia". El síndrome moderno que está atacando a chicos y grandes, el cual consiste en darle poco valor a lo que se tiene y mucho a lo que aún no se ha adquirido. El verdadero placer, en este caso, radica en el hecho de comprar, adquirir y acumular, más que en el beneficio de lo que se compra.

Si bien es cierto que la imaginación de un niño puede convertir cualquier piedra, bote o liga en el mejor juguete, los actuales estimulan su desarrollo y lo divierten; sin embargo, cuando caemos en excesos y lo enfrentamos a una multitud de posibilidades, lejos de ayudarlo lo confundimos.

Cuando los niños o los adolescentes tienen que invertir mucho tiempo y energía en elegir, experimentan una gran incertidumbre que los pone ansiosos: "Quiero el rojo... No, no... El azul... No, el verde... Mejor el amarillo". Y al final son muchos más los que dejan que los que se llevan, haciendo que el elegido pierda valor. El pensamiento inmediato es: "Hubiera escogido el otro", y de esta manera se eslabona una cadena sin fin de posibilidades perdidas, supuestos fracasos al elegir y una sensación de carencia que a su vez los impulsa a querer más y más.

Lo anterior es fruto del consumismo; pero sobre todo de la RENUNCIA, ésa que enfrentamos diariamente al elegir una sola cosa entre miles.

Hoy en día se dedica más tiempo que nunca a comprar en la historia de la humanidad. En vez de ir al parque, o a visitar un familiar, el paseo dominical se realiza en un centro comercial. Este hábito pone a los niños y a los jóvenes frente a los aparadores, haciéndoles anhelar y renunciar a cada minuto a lo que tienen enfrente. Si acaso se les compra algo, la decisión acerca de qué quieren resulta muy difícil, y el displacer de la renuncia a todo lo que dejan es mucho mayor que el efímero gusto de lo que estrenan. Este juego desproporcionado de placer-displacer afecta a niños y a jóvenes que están formando su personalidad y el concepto de sí mismos, afectando también a sus padres quienes a pesar del esfuerzo por "hacerlos felices" no lo logran.

Cuando yo era niña y debía escoger un cereal en el supermercado, tenía tres opciones solamente. Al elegir uno, sólo renunciaba a dos. Hoy los niños renuncian a todo un pasillo completo de cereales con malvavisco, sin malvavisco, con chispas, de colores, integral o tradicional, en caja con sorpresa o en presentación de aniversario, etcétera.

Los padres, por nuestro lado, premiamos, compensamos tiempo y culpas o demostramos amor comprándoles a nuestros hijos todo lo que nos piden, aunque eso signifique endeudarnos a mil meses sin intereses y, finalmente, renunciando también a miles de cosas, experiencias y libertades. Luego nos damos cuenta de que esto no funciona para que nos quieran más, nos quejamos y les reprochamos que nos vean como simples proveedores: "¡Mi'jito, el dinero no crece en los árboles!" Pero a la siguiente petición hacemos lo de siempre: cedemos ante el argumento: "Todos tienen menos yo". ¿Cuántas cosas recibieron tus hijos en la navidad pasada? ¿Dónde y cómo están hoy esos objetos?

Cuando nos damos cuenta de esto y queremos corregirlo, ya los hemos acostumbrado, y entonces la austeridad o la sencillez que queremos implantar en casa no sólo agudiza más la sensación de renuncia, sino que es interpretada como tacañería y descenso en el estatus social.

Al final del camino encontramos hijos aburridos e insatisfechos, que se perciben siempre en desventaja por lo que les falta, y padres frustrados que han criado hijos "ingratos", "inconscientes" y "materialistas". Ambos, sintiéndose vacíos en medio de la abundancia.

Este problema no se trata sólo de comprar o de ahorrar, sino del significado que se le ha dado al hecho de tener para "ser" y "pertenecer". Vivimos con "uniformes": la bolsa de equis marca, la ropa y los zapatos de tal otra, para decirle a la sociedad quiénes somos y cuál es nuestro estatus social. Si un niño se cree valioso o querido por lo que le compran, será difícil cambiarle esta visión más adelante, y si se vive con la sensación de "carencia", el problema se agudiza.

Ya el psicoanalista Erich Fromm, en el siglo pasado, hablaba de este fenómeno social y mencionaba que la sociedad vivía envuelta en placeres que no generaban alegría, y que esa falta de gozo hacía que siguiéramos buscando más placeres y mayor excitación.

¿Les suena conocido? Hoy la botana tiene que ser *super hot*, y los deportes, extremos. Ya no es suficiente con beber una copa con los amigos, sino emborracharse hasta perder, y al día siguiente presumir en Facebook que estamos "crudos". A esa intensidad se le une la prisa. Prisa por vivir, por tener, por experimentar. Somos la "generación de la prisa"; hacemos todo a la carrera aunque nadie nos apresure, y apresuramos a los demás aunque no necesitemos las cosas en ese momento. "¿Para cuándo necesita el trabajo?", nos preguntan. "Para ayer", es la respuesta obligada porque con las prisas hemos dejado todo al final. Nos impacientamos si la señorita de la tienda tarda un poco en hacer la factura, o en envolver el regalo. Hacemos varias cosas a la vez y aún así nos falta tiempo.

¡Todo es inmediato! El café es instantáneo, las fotos también; las puertas se abren al pasar y un mensaje llega de un extremo del mundo al otro en cuestión de segundos. Quienes vivimos al ritmo del pasado nos hemos acostumbrado "rápido" a esta inmediatez, y no entendemos cómo pudimos vivir y trabajar en las precarias condiciones de antes.

Estos beneficios que nos llegan al momento también nos exigen respuestas inmediatas, reacciones instantáneas y decisiones aceleradas en medio de mil opciones. Es aquí donde pagamos precios altos por vivir inmersos en la modernidad. La sociedad de hoy no te da permiso de quedarte en tu casa, ni siquiera de pensar dos veces las cosas. No importa si estás criando tres hijos pequeños, si estás enfermo o se acaba de morir tu madre; hay que salir a seguir corriendo como los hámsters en una rueda que no se detiene para procesar ni reflexionar.

Y lo peor es que reprochamos a nuestros jóvenes que no reflexionen. Pienso que si nosotros, sus padres o sus abuelos, hubiésemos tenido los medios que ellos tienen, tampoco lo hubiéramos hecho. Antes, un pleito de novios no se manejaba al instante por Whatsapp, y el tiempo que teníamos que esperar a que sonara el teléfono local o llegara la carta generaba una reflexión espontánea que nos permitía recapacitar.

No es que la modernidad sea mala; lo malo es no educar a nuestros hijos para hacer uso de ella en vez de que ella se apodere de sus conciencias y sus valores.

Los modelos de identificación que nuestros hijos ven en los medios de comunicación muestran mujeres y hombres guapos, libres, ricos y exitosos, eficientes en sus trabajos, divertidos y bebiendo martinis con aceituna. Aunque conscientemente ellos saben que se trata sólo de una serie de televisión, en su inconsciente se va acumulando un mensaje penetrante que les dice: "Ahí tienes que llegar", "Eso es ser feliz", "Deberías tener todo eso y no lo tienes". Es lo mismo que sucede cuando uno llora ante una película dramática, aunque sabe que sólo son actores. El efecto emocional es incontrolable en ambos casos. Entonces, quieren tenerlo todo y conseguirlo rápido, ¡y lo consiguen! Por lo que inmediatamente empiezan una nueva búsqueda, una nueva ilusión, una nueva lucha. ¡Qué agotador! Pero para eso nuevamente el comercio les ofrece *shots* que les dan energía al primer sorbo, multivitaminas y sillones con masaje para recargar baterías y seguir la carrera.

Todos, grandes y chicos, hombres y mujeres, vivimos en la carencia, en medio del consumismo, no sólo de bienes y servicios sino de tiempo y recursos. Las relaciones sentimentales son cada vez más rápidas y parecen más carentes de compromiso, de entrega, de esa palabra extraña del pasado llamado "sacrificio por el otro". Tenemos una sufrida agenda diaria que sobrecargamos de compromisos y actividades "urgentes" que no siempre son importantes.

Pero ¿por qué corremos y consumimos? Corremos por costumbre, porque ya no estamos familiarizados con la espera, y compramos para cubrir una carencia que nunca se satisface, y así nos aturdimos y no tenemos tiempo para pensar quiénes somos, adónde vamos y qué queremos en realidad

¿Vivir así nos hace más felices? ¿Dónde está el placer de la espera? ¿Qué sentido tiene correr tanto? Los científicos han descubierto que la rapidez no es sinónimo de eficacia, ya que ésta requiere concentración y dedicación, y estas dos características están fallando hoy en día, dejándonos en cambio una gran cantidad de estrés sobre los hombros.

La escala de valores también se ha visto afectada por la prisa y el consumismo. Antes, algo valioso era lo que duraba, lo que se había llevado tiempo y laboriosidad, como la construcción de una catedral o un bello encaje hecho a mano. La paciencia y la tolerancia se consideraban cualidades, y el hombre de éxito era aquel que podía saborear un buen café durante una tarde de charla con los amigos.

En estos tiempos eres más importante cuanto más ocupado estés y si tu agenda no te permite pasar más de dos noches en casa. Entonces eres un gran ejecutivo.

Hoy la prisa da prestigio pero también angustia, frustración y tensión, y deja poco espacio para la reflexión o la reparación del fallo.

Todo lo anterior nos permite entender por qué la depresión es la "enfermedad del siglo XXI", ya que es la principal causa de discapacidad laboral en los países desarrollados y será la primera en todo el mundo para 2020.

¿Es esto lo que queremos heredar a nuestros hijos?

Muchos de los niños y los jóvenes que llegan a consulta psicológica traen un sentimiento de inadecuación que no saben ni pueden descifrar. Es este vacío, esta renuncia, esta carencia impalpable de la que hemos hablado, la que resulta en una sensación como si no alcanzaran los altos techos de las expectativas familiares, sociales y escolares. Los padres me dicen: "Yo no le pido que saque 10", "Yo le digo que así va muy bien vestido, pero no me cree".

La mayoría de las veces no se trata de una exigencia específica de los padres a los hijos, sino de las consecuencias de lo que ellos escuchan, ven y sienten todos los días.

Los niños y las niñas ya no saben manejar el tiempo libre porque no lo tienen. Los llenamos de tareas y de clases en las tardes. Les damos de comer "de prisa" para que lleguen al karate y luego a la terapia. Lo primero, para ver si así se les baja la agresión, esa misma agresión que nosotros les generamos con tanta presión. La segunda, para disminuirles la ansiedad, esa misma ansiedad que les provoca ver a sus padres ansiosos y gritando porque se tardan en la regadera y se distraen observando a la lagartija que pasó por la ventana, sin darnos cuenta de que están defendiendo su capacidad de disfrutar y relajarse.

Es importante saber que los seres humanos, al llegar al mundo, necesitamos explorarlo con detenimiento; experimentar texturas, sabores y sonidos; mirar procesos y después simplemente dormir y comer para procesar todo eso. Sin embargo, los padres tenemos prisa y se nos hace tarde para que nuestros hijos aprendan las letras y hablen inglés, sin percatarnos de que, por querer adelantarlos, interrumpimos su proceso natural de desarrollo. Pensamos que un niño absorto tocando el pasto o siguiendo la trayectoria de una hormiga está perdiendo el tiempo y no recibe "estimulación temprana".

La consecuencia se nota cuando llega la adolescencia y esa capacidad de sentir, gozar y simplemente esperar parece haberse extinguido. La renuncia a la que han estado sometidos les genera mucha frustración y poca tolerancia; les resta fuerza y voluntad para posponer las gratificaciones, y los jóvenes buscan evitar el aburrimiento, matar el tiempo frente a cualquier tipo de pantalla o por medio del alcohol, las drogas y el sexo.

No busco con estas palabras aumentar las muchas preocupaciones que ya tenemos, sino generar una verdadera reflexión. ¿Qué tenían los tiempos de antes que no tienen los de hoy? No digo con esto que todo tiempo pasado sea mejor; pero sí veo que por, compensar las carencias de ayer, saturamos las opciones de hoy, generando un círculo vicioso que debemos cortar. Tenemos que movernos de lugar, hacer un alto en el camino para rectificar el rumbo, porque la calidad de vida de nuestras familias está siendo deficiente. Y prueba de lo anterior es la proliferación de todo tipo de terapias, religiones, medicamentos y filosofías que han surgido para llenar esos huecos emocionales que han afectado el tejido social, ese tejido hecho de familias rotas, *bullying,* violencia y promiscuidad.

Necesitamos escucharnos a nosotros mismos cuando decimos: "Yo sólo quiero que mis hijos sean felices". ¿En verdad lo son? ¿Lo somos? Finalmente, ¿qué es la felicidad?

Desde 2006 podemos contar más de veinte mil artículos científicos sobre el tema de la felicidad. Esto quiere decir que los psicólogos de muchas universidades han tomado en serio el tema porque gran cantidad de personas vive "infeliz" o "insatisfecha", y eso ha repercutido en las relaciones interpersonales y en todos los campos de la vida de los seres humanos.

A la felicidad le ponemos nombre: dinero, matrimonio, la procreación de un bebé, éxito, popularidad, carrera, salud, viajes, etcétera. Le ponemos el nombre de aquello de lo que carecemos, pero el verdadero nombre es simplemente FELICIDAD. Los científicos han descubierto que muchas personas, a pesar de haber alcanzado aquello que creían que los haría felices, sólo viven "momentos felices" pero no consolidan una felicidad plena. Como pronto se les olvida que ya lograron aquello que tanto anhelaban, se enfrentan a una nueva carencia y entonces le ponen un nuevo requisito a la felicidad.

La investigadora Elizabeth W. Dunn de British Columbia realizó un experimento muy interesante. Quería saber qué generaba más felicidad: si gastar dinero en uno mismo o en los demás. Formó dos grupos. A cada uno de los integrantes les dio sobres con cinco y 20 dólares. Los primeros debían gastarlo en sí mismos y los segundos en los demás. Los resultados fueron altamente significativos, pues arrojaron índices más altos de felicidad en aquellos que habían gastado el dinero en otros, sin importar la cantidad. De esta forma desmintió la idea de que el mayor placer radica en gastar dinero para uno mismo y reafirma la idea de que el altruismo genera más felicidad que la búsqueda de placer. Esta premisa la tenemos muy clara los que somos padres de familia. Para nosotros da mucho mayor placer dar a nuestros hijos que gastar en nosotros mismos; sin embargo, nos olvidamos de permitir que ellos experimenten la misma sensación. Les damos todo y no les pedimos nada. Un buen día caemos en la cuenta de que viven en una burbuja y los llevamos a "donar juguetes", no sin antes haberles dado una lección rápida de "conciencia social", que lo único que les deja es una gran culpa por tener todo lo que ellos nunca pidieron tener y un gran miedo de verse como aquellos niños pobres si papá o mamá fallan en las finanzas.

La idea es crear en las nuevas generaciones competencias emocionales, espirituales y todo tipo de fortalezas internas, de manera que busquen la felicidad como una meta y no sólo como un deseo. Que distingan la diferencia entre placer y felicidad, porque el primero es externo y pasajero, y la segunda es producto de nuestra decisión.

Eso suena bonito, pero ¿de verdad sólo necesito decidirme para ser feliz? La psicóloga Sonjia Lyubomirsky de la Universidad de Stanford, durante sus largos años de investigadora en el tema de la felicidad, afirma que si bien hay un componente genético que favorece el "ser feliz" (igual que se tiene una tendencia a engordar o a acumular colesterol), y las circunstancias de la vida influyen, un factor muy importante para que una persona viva feliz es que desee serlo. La psicóloga lo representa como las rebanadas de un pastel.

Ser feliz no es una "lotería", tampoco es "suerte" y, por lo visto, mucho menos depende totalmente de las circunstancias. Ser feliz es un trabajo que requiere esfuerzo, dedicación y compromiso, y esta conclusión nos tiene que dar esperanza.

Conozco a muchas personas que decidieron ser felices y lo han logrado a pesar de enfermedades, crisis económicas o divorcios. Esas personas no dejan que lo de "afuera" les traiga felicidad, sino que salen a diario por ella.

En el caso de los niños y los jóvenes todavía hay más oportunidades y más esperanzas, porque si, como afirma Lyubomirsky, existen factores hereditarios que facilitan ver la vida de un mejor color, ellos están a tiempo de crear nuevas redes neuronales que favorezcan el aprendizaje de la felicidad para heredarlo a las nuevas generaciones.

En ese proceso de aprendizaje nosotros, sus padres y sus maestros, tenemos que intervenir apoyándolos y dándoles mejores ejemplos que contrarresten los modelos de identificación de los que hablamos. Es imperante comenzar una campaña de TEMPLANZA para volver a ponerla de moda.

La templanza es la capacidad de resistir a aquellos gustos, deseos o caprichos que puedan dañar nuestras convicciones o nuestra conciencia. Es la virtud de poder ser dueño de uno mismo, congruente con lo que piensa y con lo que dice sin acomodar la moral según el viento que les sople.

La templanza requiere, antes que nada, que me ubique en el lugar que me corresponde y resistir la tentación de moverme sólo para que los demás me acepten.

Sé que esto no resulta fácil de la noche a la mañana, porque antes tenemos que parar la apresurada rueda del hedonismo, y nos da miedo bajar la velocidad que hoy nos tiene aturdidos; sin embargo, si pensamos en las ganancias que nos traería esta aventura, si gracias a esta meta disminuimos el número de muertes por causa de alcoholismo en jóvenes y el consumo desmedido de drogas, si detenemos la violencia en las escuelas y la depresión infantil, cualquier esfuerzo valdrá la pena.

Podemos empezar poco a poco:

- Intenta no hacer nada más al terminar de leer este libro. Quédate pensando, reflexionando, observando a los demás o viéndote a ti mismo.
- Proponte, a partir de mañana, volver a disfrutar el agua caliente en la regadera, aunque sea durante un minuto más en tu rutina diaria.
- Asígnale una cita a tus álbumes de recuerdos o a un helado en barquillo, mientras caminas por un parque o elaboras un barquito de papel con tu hijo.
- Ponle TUS horarios a los correos que recibes. No dejes que interrumpan tus horas de descanso o tus conversaciones familiares.

- Respeta la hora de los alimentos. Come con calma, disfruta los sabores y, mientras lo haces, piensa en otra receta nueva para la próxima vez.
- Realiza algo pausadamente, con la ilusión de lo que se planea y se espera por mucho tiempo.
- Monitorea durante la semana tu prisa "patológica" y combátela con paciencia y tolerancia.
- Recupera tu capacidad de asombro ante la naturaleza y el arte.
- Vuelve a disfrutar de los amigos y de la familia sin que haya grandes requisitos para reunirse.
- Recuerda los sencillos placeres de los que disfrutabas cuando eras niño y sentirás de inmediato una paz interna.

Por absurdo que parezca, la prisa nos ha quitado tiempo; tiempo de calidad para vivir, para resolver con inteligencia, para reflexionar, para reparar y para volver a retomar el mismo proyecto, la misma ilusión. Pero, sobre todo, nos ha quitado tiempo para recordar que lo que de verdad vale la pena no se consigue de inmediato.

Si bien es cierto que cualquier ser humano debe tener cubiertas sus necesidades básicas antes que nada, los investigadores han comprobado que el "bienestar" no viene de las posesiones sino de los afectos.

¿Y QUÉ HACEMOS CON LOS HIJOS?

Yo identifico siete competencias que los padres debemos ejercitar si queremos retomar el camino hacia la verdadera felicidad de nuestros hijos.

1. *Trabaja contigo mismo*

Lo primero y más importante es hacer conciencia de que esto nos ocurre y por eso hay que vencer la tentación de comprar por comprar; comprar como premio, como expiación, como método de control: "Si te portas bien, te compro", o, lo que es peor, como lenguaje del amor. Esto no es fácil, porque implica sustituir estas estrategias "afectivo-mercantiles" por tiempo y calidad de convivencia y por premios emocionales, como sentarnos con nuestros hijos un ratito a jugar, decirles un halago oportuno o simplemente estar más atentos a lo que hacen bien en lugar de fijarnos sólo en sus errores.

Analiza tus recuerdos más entrañables de la infancia y seguramente no se refieren a posesiones sino a experiencias emocionales. A juegos muy simples, a bromas o a travesuras que ocurrieron una vez pero de las que te has reído veinte veces en familia.

Analiza qué herencia conservas de tus padres, de tus abuelos y de tus maestros, y verás que, más que bienes, son emociones, mensajes y anécdotas divertidas.

Por último, analiza en qué medida estás compensando tus carencias por medio de lo que das o de lo que permites a tus hijos. Si es así, déjame decirte que nunca terminarás porque nadie puede volver al pasado en el presente de otro. Tal vez muchas de tus carencias resultaron motores de progreso; tal vez muchos de tus huecos de amor infantil se convirtieron en espacios para alojar muchos amores de adulto.

Este análisis personal te dará fuerza para seguir adelante en la siguiente competencia.

2. Resiste la fuerte caída de tu popularidad

No esperes que tus hijos comprendan hoy el porqué negarles algunas cosas, o esperar para tenerlas; mucho menos los adolescentes. Ellos pensarán que eres el peor papá del mundo, pues el resto de sus compañeros llevan los tenis de marca y el último modelo de celular.

No esperes que acepten con agrado las normas de disciplina y las limitaciones que tanto los frustran. Pelearán por regresar a lo cómodo, a lo inmediato; pero en la medida en que no lo obtengan se irán haciendo más fuertes sin darse cuenta. La tolerancia a la frustración se combate precisamente con pequeñas dosis de frustración.

Si resistes este duro embate a tu *rating*, tal vez más tarde recibirás el reconocimiento o simplemente tu satisfacción personal y los frutos de tener hijos adultos que puedan disfrutar de poseer cosas y ser competitivos sin cifrar su valía en una cuenta bancaria ni sacrificar su paz interior por mantener un estatus social.

Sí, irás a contracorriente, como los salmones en el río, pero también, como ellos, asegurarás una buena descendencia. Los buenos resultados no se verán de inmediato, y nuevamente deberás resistir la prisa por verlos. Nada que valga la pena se obtiene al instante, y el proceso de educar es uno de los más largos.

3. Ayuda a tus hijos a identificar qué es lo que verdaderamente quieren

¿Sabías que para un niño pequeño es lo mismo lo que quiere que lo que espera? En su proceso mental quiere una pelota porque espera jugar con papá, o quiere una bolsa porque espera acompañar a mamá al mercado. Por eso es fundamental ayudar a nuestros hijos a conocerse y a escuchar sus verdaderas necesidades y expectativas internas, y saber si aquello que desean viene acompañado o no de lo que esperan.

Un adolescente quiere el mejor celular porque espera obtener aceptación de sus pares, y quiere ropa porque espera obtener seguridad con ella. Dale seguridad y pertenencia en casa antes que nada. Sé un padre o una madre seguro por fuera aunque dudes por dentro, y luego dales primero una "probadita" de eso que quieren para que analicen si se les dio lo que esperaban. Después aclárales que una vez tomada la elección no habrá vuelta atrás, por lo que deben tener claro si en verdad necesitan o quieren aquello y para qué. No eres mejor padre si das más, o si das siempre. Serás mejor padre si tus hijos aprenden bien a elegir y a necesitar menos cosas. "Pero entonces mi hijo será el único que no tenga lo mismo que los otros y se sentirá muy mal." Éste es el argumento para claudicar y seguir la corriente del consumismo. Busca algo que de verdad tenga tu hijo que no tengan los demás y que tampoco puedan salir a comprarlo a la esquina. Esa cualidad, un talento, el cariño de alguien, una experiencia vivida, etcétera. Estas posesiones son las que duran toda la vida, las que nos quedan al final del camino y las que contamos en las reuniones familiares una y mil veces.

4. Da con graduación

En nuestra cultura, el hecho de dar en abundancia a los hijos no está relacionado con la capacidad económica sino con un mandato generacional que nos dice: "Primero te quedas sin nada, que negarle algo a tus hijos". Por eso vemos a la niña en el festival de la primavera con un espectacular atuendo de mariposa para el cual se tuvo que ocupar el dinero del gas, la luz y la renta. Por eso vemos a un padre en una profunda depresión por no tener para la fiesta de quince años, como si toda una vida de trabajo, amor y dedicación se fuera por la coladera si se deja de proveer.

Si a los ocho años ya les regalamos una *tablet*, ¿qué querrá a los doce? Muchas veces los papás damos lo que nosotros mismos hubiéramos querido tener y nos aceleramos sintiendo que así somos mejores padres.

"Si no le doy, quién sabe qué haga para conseguirlo", es otro de los muchos miedos que sentimos al educar. Mi respuesta a esto es: quítale cosas materiales y dale la oportunidad de que se las vaya ganando con trabajo, con méritos, con esfuerzo. Confía en las bases que le has dado. Los ladrones no nacen de la noche a la mañana. Son personas que no han tenido ejemplos ni opciones para hacer otra cosa.

5. Limita las opciones

"Puedes elegir entre este dulce y la paleta; los chicles no entran en las opciones."

Los niños deben aprender a elegir y a vivir la experiencia de renunciar; porque, como ya vimos, la época que les toca vivir los coloca en medio de una elección y mil renuncias. Pero este ejercicio necesita entrenamiento. Empieza por dos opciones, tal vez tres más adelante; pero no abras el abanico más allá de su verdadera capacidad. Aunque te encuentres en posibilidades de comprarles la dulcería entera, hazlo por ellos, no por ti.

En el caso de los adolescentes, el reto es más fuerte, porque para ellos las limitaciones que les ponemos las experimentan como agresiones. Procura no "engancharte" ni corroborarles esta idea.

Simplemente, aclara que eso "es lo que hay" y que lo tomen o lo dejen. Haz valer tu autoridad y sólo responde que así son las reglas familiares. Si a su amigo le compran todo, ésas son las reglas de aquella casa, pero no de la tuya.

He visto a muchos jóvenes en el consultorio que, por verse limitados, han renegado, pero han dejado la apatía, y al pasar la adolescencia reconocen que sus padres actuaron bien al negarles algunas cosas. Disfrutan sus propios logros y con ellos construyen una sólida autoestima.

6. Promueve que conjuguen el "habrá" en vez del "hubiera"

"Si hubiera escogido el otro, no se habría roto tan rápido"…Ya habrá oportunidad de elegir nuevamente y entonces habrá que fijarse mejor.

Si la elección que hizo tu hija o tu hijo no lo dejó satisfecho, permítele vivir la experiencia para que en ocasiones futuras lo piense mejor o lo evalúe de otra forma. Sé que esto implica disgustos y tal vez un fuerte berrinche, pero no hay mejor manera de aprender la tolerancia a la frustración que a través de las frustraciones. Hasta hoy sigue comprobándose la teoría de que las cosas que más trabajo nos han costado son las que más valoramos y cuidamos.

7. Crea para tus hijos una mejor percepción de lo que es el bienestar

¿Qué quiero para mis hijos? ¿Qué necesitan realmente? ¿Cómo quiero que vivan? ¿Qué es opcional y qué no lo es? ¿Cuáles son los requisitos mínimos para vivir "bien"? Hemos complicado la vida. Hemos puesto muchos requisitos al bienestar. Tal vez podamos recortar muchos de ellos. Por ejemplo, antes se pensaba que una buena preparación académica era un seguro de vida para el bienestar futuro. Sin embargo, las estadísticas no comprueban que los más cultos sean más felices; tampoco que los más ricos ni los más inteligentes.

¿Qué es entonces lo que hace feliz a la gente?

- Tener cubiertas sus necesidades básicas.
- Dedicar tiempo a su familia y a sus amigos.
- Tener buenas relaciones interpersonales.
- Ayudar a otros.
- Sentir y expresar gratitud por lo que tienen sin compararse.
- Practicar el optimismo cuando piensan.
- Saborear los placeres de la vida y vivir el momento.
- Hacer ejercicio cada semana y mantener hábitos que les gusten.
- Comprometerse con un buen ideal a futuro.
- Enfrentar sus problemas, su estrés, sus crisis y sus tragedias como retos por vencer.

Como ven, nada de esto cuesta un centavo, pero implica TEMPLANZA, RESISTENCIA y VOLUNTAD.

Si sólo es uno quien resiste, la aventura es muy difícil; pero si son dos, tres o diez, la tarea se va aligerando. Y si me permiten soñar y pensar que todos los que leemos este libro resistimos para combatir el vacío de la abundancia, la meta de ser felices se alcanzaría mucho más rápido para sus hijos y para los míos, para los que convivirán con ellos, para los que serán sus parejas y para los que les prestarán servicios.

Pero aun dejando de soñar, creo que escribir este libro junto con otros compañeros que también se han detenido a reflexionar, ya significa una manera de empezar a resistir. Si nuestras palabras los convencen y deciden unirse a nuestra causa, les dejo un pensamiento de autor anónimo que a mí me ayuda cuando empiezo a desanimarme:

Si la nota dijese: "Una nota no hace melodía", no habría música.

Si la piedra dijese: "Una piedra no puede levantar un muro, no haría casas".

Si la gota dijese: "Una gota de agua no puede formar un río", no habría océano.

Si el grano de trigo dijese: "Un grano de trigo no puede sembrar un campo", no habría cosecha.

Si el hombre dijese: "Mi trabajo no puede salvar a la humanidad", nunca habría justicia, ni paz, ni dignidad, ni felicidad.

*

Julia Borbolla Hano, una de las psicólogas más reconocidas en México, es autora de cinco libros: *Profesión: mamá*, *Sin dañar a terceros*, *Profesión: mamá (adolescencia)*, *Hijos fuertes* y *Las 101 cosas que puedes hacer con tus hijos aunque estés muy ocupado*, además de un sinnúmero de artículos e intervenciones en los medios de comunicación nacional y extranjera. Entre otras cosas, es inventora de un sistema nuevo y diferente de prestar ayuda psicológica a niños y adolescentes, y creadora del "Proyecto Antenas", una herramienta interactiva única en el mundo que ha recibido reconocimientos internacionales.

CAPÍTULO 3

Formar desde la adversidad

Carlo Clerico Medina

Para Cristi, quien aprenderá mucho de las adversidades de sexto grado de primaria.

1. PABLO Y EL FUTBOL

Pablo tiene nueve años; es el portero de la selección de tercer grado de primaria de su escuela. El futbol es su pasión; no hay nada que le guste más en la vida que estar con sus amigas y sus amigos en la cancha.

Ser el portero no es cualquier cosa; es una posición difícil pues un error en la portería o una simple falta de concentración puede ocasionar una derrota, a pesar de que el equipo esté jugando muy bien. No cualquiera puede ser portero, y Pablo lo sabe bien.

El equipo de tercero va bien aunque con algunos altibajos; sorpresivamente le ganaron al primer lugar de su grupo hace un par de semanas, pero la siguiente semana perdieron con un equipo más débil. A pesar de esa derrota ya se encuentran en cuartos de final de la liguilla y es evidente que están haciendo un gran esfuerzo

75

por lograr el campeonato. Faltan sólo dos fechas para saber quién pasa a la final.

Pablo es hijo de Lucía y de Javier. Ella es contadora y desde hace unos años montó un pequeño despacho en su casa. Javier es mecánico industrial y trabaja para una planta que fabrica autopartes.

Por sus trabajos, ni Lucía ni Javier han podido ir a ver jugar a Pablo durante todo este año escolar. Pablo lo entiende y a veces hasta lo agradece, pues ve las vergüenzas que pasan sus amigos porque sus mamás gritonas no paran de regañar al árbitro o hasta al "profe" cuando el equipo comete algún error. Pablo mira divertido cómo sus amigos se ponen rojos, rojos, cuando su mamá o una tía grita alguna barbaridad desde la tribuna. A Pablo aquello siempre le ha parecido muy chistoso.

Después de un partido, al llegar a casa, Pablo se sienta en la oficina de Lucía y le describe divertido y con gran pasión lo que pasó durante el juego; también le cuenta cómo la mamá de alguno de sus amigos le hizo pasar una vergüenza tremenda durante el juego. Ambos ríen mucho, pero mientras Pablo le sigue contando cómo logró paradas increíbles, Lucía se queda con la idea de que en realidad lo que Pablo le quiere decir es que ella también debería ir algún día a verlo jugar; sin embargo no se lo pregunta, sólo se queda con esa idea.

Este sábado es especial. Pablo llega eufórico a su casa gritando, convocando a sus hermanos y a sus papás. Tiene noticias importantísimas. Su equipo ha llegado a la final.

La familia se conmociona; es una gran alegría; todos celebran a Pablo, lo levantan, lo abrazan, lo felicitan. Lucía y Javier están muy contentos y orgullosos; también Javi, el hermano mayor de Pablo, y hasta Lupi, la más pequeña de los tres, quien no entiende muy bien todavía por qué hay tanta alegría, pero simplemente ha decidido disfrutar aquello y celebrar.

Cuando ha pasado la emoción inicial, Lucía llama a su mamá, que vive en San Luis, para darle la noticia. La abuela también está contentísima con aquella noticia maravillosa.

Javier tampoco pierde el tiempo y se lleva a Pablo a una de esas tiendas de deportes gigantescas para comprarle unos guantes nuevos de portero, "como los de Paco Memo Ochoa", le dice el orgulloso papá al niño portero.

Pablo está feliz. Ser el portero de la final es una gran cosa.

Al regresar de la tienda, Lucía los recibe con la noticia de que la abuela, los tíos y los primos de San Luis han decidido venir la próxima semana a la ciudad para ver cómo Pablo se corona campeón de tercero de primaria. Llegarán el miércoles. Lupi y Javi se han dado a la tarea de hacer unas pancartas para la porra; Lucía ya se está organizando con algunas amigas para hacer una carne asada en el jardín el sábado después de la final; Javier papá no quiere perder ni un minuto y se lleva a Pablo al parque de enfrente para entrenar.

Todos quieren un campeón en la familia. Es una gran cosa tener en casa al portero de la final.

El lunes, Lucía le hace a Pablito unos *hotcakes* especiales: en forma de trofeo. "Para mi campeoncito", le dice. Javi reclama airadamente, pues sus *hotcakes* son redondos y no tienen mucho chiste que digamos. A Lupi, la forma de la comida le da igual.

El martes, Javier papá llega a casa temprano por primera vez en muchos años. Tanto Javi como Pablo se emocionan de ver a su papá de regreso del trabajo a esa hora. Tienen ganas de conversar con él, de conocerlo un poco, de saber algunas cosas sobre aquella planta de autopartes que a ellos les parece tan impresionante. Javier tiene otros planes. "Entrenar." Lupi está muy a gusto dormida.

El miércoles llegan la abuela con la tía solterona Evangelina, el tío Jaime, su esposa Ana y los primos Miguel, Esteban y Luis. Han traído al perico y a un gato insoportable que de inmediato se esconde detrás de un sillón de la sala. Aquello parece una romería. Todos están felices. Pablo un poco menos. Lupi mira en silencio a su hermano.

El desayuno del jueves es de locos. El perico se pasó la mitad de la noche chiflando y gritando: "Paco, Paco, Paco". Sólo los de San Luis, acostumbrados al loco perico, han podido dormir bien. El gato se ha escapado y Miguel y Esteban le piden a sus primos que organicen una cuadrilla de rescate. Ni con todo el barullo a Lucía se le ha pasado hacer unos sándwiches para Pablo, en forma de medalla esta vez. Javi reclama, Javier papá le da indicaciones técnicas a Pablo, la abuela quiere que el niño le explique por qué los porteros usan guantes, el gato no aparece, el perico ya empezó a gritar "Paco, Paco, Paco" otra vez. Lupi está desayunando un sándwich cuadrado, en paz.

Para el viernes, entre los nervios y la porra familiar, Pablo se siente un poco mal de la panza. No tiene muchas ganas de ir al colegio pero sabe que hoy es el último entrenamiento y que si no se presenta es posible que el "profe" lo siente en la banca. A pesar del perico, el gato, la porra y los nervios, Pablo se levanta para enfrentar aquella "tortura amorosa" por última vez antes de la final.

Todos se despiertan muy temprano el sábado aunque saben que el juego —la gran final— está programado a las once y media de la mañana, y que el campo donde jugarán está sólo a unas cuadras de la casa. Curiosamente esa mañana, la de la final, casi todos están en silencio. Es un silencio incómodo y un poco raro.

Pablo está nervioso. Mucho. Lucía, la abuela, Javier, Javi, los tíos y hasta el perico se ven nerviosos también. Lupi está tranquila, jugando un poco con el gato que apareció la noche anterior.

La familia, perico y todo, se acomoda en la grada norte de la cancha, y de inmediato repiten las porras que han practicado toda la semana. El partido no ha iniciado pero ellos creen que es prudente empezar a gritar ya. Los niños del otro equipo están haciendo ejercicios de calentamiento; se ven seguros. A Lucía le parece que todos los del otro equipo son mayores que su Pablito. A uno incluso cree verle bigotes.

El partido arranca. Los nervios a tope. Pablo, concentrado; sus compañeros de equipo, también.

A jugar.

Noventa minutos han pasado, y el equipo de tercer grado de primaria de Pablo ha perdido la final.

Nueve a cero.

Paliza.

Pablo es subcampeón.

De modo natural, sin pensarlo demasiado, los dieciséis niños y niñas del equipo de Pablo, titulares, reservas y amigos, se han apartado en silencio a un lado de la cancha frente a la tribuna sur. Han formado un círculo; están de pie, hombro con hombro. Lloran en comunidad. Mucho. Todos. No hablan; no hay mucho que decir. Sirve mejor llorar cuando uno ha perdido nueve a cero. Sin saberlo, están humanizando su dolor al compartirlo así, en comunidad. Lupi se ha sentado en la tierra, frente a Pablo su hermano. Está pendiente de su hermano de enmedio y comparte con él, en silencio, su tristeza.

En la tribuna no hay silencio. El enojo se ha apoderado de los adultos de la porra. "No es justo"; "ya te lo digo yo: esos niños son más grandes que mi Pablito"; "y ese árbitro, no tiene idea de cómo arbitrar". Lucía llora. Sí. Parece increíble pero llora. Su niño perdió la final.

Sin pensárselo demasiado, Lucía deja la tribuna en medio de un llanto que surge un poco de la tristeza, el enojo y la frustración, y un mucho desde el miedo de ver al segundo de sus hijos tan triste y tan vulnerable. Camina veloz hacia donde están los niños y las niñas del equipo.

Al llegar, sin decir "agua va", toma a su hijo completito y lo abraza fuerte; lo separa de la tribu sin mediar permiso o diálogo. Por alguna razón cultural muy extraña, ella actúa como si ese niño fuera de su propiedad. "No llores, mi niño —le dice con toda la ternura y la compasión de que es capaz—. No tienes por qué estar triste, jugaste muy bien." "No te preocupes, lo hiciste muy bien." (Yo le recuerdo al lector que a este niño le metieron nueve goles.)

En medio de su llanto, Lucía, con la voz entrecortada, sigue: "Tú eres mi campeoncito, Pablito. Mira, te tengo esta medalla de chicle, porque tú eres un campeón".

Pablo, medio sofocado por el abrazo apache de la mamá, recibe un poco confundido aquella medalla de chicle que da testimonio de que es el campeoncito de la mamá, a pesar del marcador.

"Vamos a reclamar en el colegio, porque yo estoy segura de que esos niños con bigotes no tienen nueve años. Lo hiciste muy bien, mi chiquito lindo. Es más, como todos son campeones, vámonos por una pizzas: se merecen un premio porque lo han hecho todos muy bien", dice Lucía ya con la voz completa, dirigiéndose a los demás niños y niñas, y olvidando a sus amigos, quienes los esperan en el jardín con unas carnes y unos nopales asados.

El círculo se rompe. El ritual no pudo terminar; ha sido superado por un tentador premio en forma de comida redonda.

Quince niños cabizbajos siguen a Lucía y a Pablo hacia la salida. Todavía están tristes, pero todos tienen hambre y aquello de las pizzas como premio suena muy bien. Uno a uno reciben una medalla de chicle y un beso en el cachete. Son los campeones de sus papás.

Javi se burla de su hermano: "Nueve, ceeero", le canta, haciéndose el payaso. Javier y Lucía, al unísono, le pegan tremendo grito al hermano mayor. Lucía luego lo aparta y le recrimina con un discurso larguísimo sobre la compasión y la empatía. A Javi aquello no le ha hecho mucho sentido, pues le parece muy divertida la paliza que le han metido a su hermano en el futbol, que, como él bien sabe, es sólo un juego, pero escucha paciente y obediente a su mamá, quien por cierto tiene la cara toda manchada por la pintura de los ojos que con tanto llanto se ha esparcido por todos lados.

Durante el trayecto de casi media hora desde la cancha hasta la pizzería, Pablo oye a su familia decir una y otra vez que el árbitro, que el estado de la cancha, que los cachirules del equipo de enfrente, que ellos jugaron de maravilla y que son campeones, porque lo que importa es competir. Pablo sigue triste. No tiene ganas de oír aquello, pero se consuela con la frase de que a pesar de lo que pasó en la final, él es campeón.

Lupi está plácidamente acostada en el asiento de hasta atrás masticando apresuradamente una de aquellas deliciosas medallas de chicle.

Finalmente, Pablo y sus amigos llegan a la pizzería. Los papás quieren protegerlos del dolor de la realidad, y unas buenas rebanadas de pizza lograrán que aquel grupo de niños buenos y deportistas olviden rápido este mal trago y sigan adelante con alegría.

Aquel fatídico sábado Pablo aprendió muchas cosas. Posiblemente todas mal.

Aprendió que perder no tiene consecuencias, que estar triste está mal, que llorar está mal, que hacer comunidad para el dolor no tiene sentido, que a pesar de que jugaron fatal y de que simplemente fueron superados por un equipo muy superior, de todas formas son campeones.

En el deporte en general, y en el futbol de competencia de manera muy especial, encontramos extraordinarias herramientas para formar a niñas y niños en una realidad completa; aquella que se nos revela con luz y con sombra, con alegría y tristeza, con amor y miedo, con éxito y fracaso.

Pero son sólo buenas herramientas para educar si entendemos que la gran oportunidad de formar a un niño o a una niña apasionados por una competencia deportiva radica en acompañar el triunfo celebrando y reconociendo al contrario, y acompañando la derrota con la mejor herramienta de formación que tenemos al alcance: el silencio activo, empático, congruente y aceptante.

Para entender por dónde va este capítulo, le propongo este "final alternativo" a la historia de Pablo y su familia.

Lucía y Javier hacen una pausa en la tribuna; están tristes: su hijo de nueve años ha perdido la final; tenía mucha ilusión de ganar aquel partido, que para su edad y el nivel de pasión con el que disfruta el futbol, era tan importante. Ni modo. Perdieron. Gacho: nueve a cero. Así es la vida.

Desde aquella tribuna, ya sin porras, ambos adultos ven cómo esos dieciséis niños sabios han formado un círculo, diseñado sin saberlo para protegerse y para acompañarse. Nadie les ha tenido que enseñar cómo construir ese ritual, probablemente milenario, porque las personas venimos bien equipadas para trabajar el dolor, sobre todo cuando tenemos con quién compartirlo. Eso están haciendo allá: trabajan su dolor cerca de la tribuna sur, lo más lejos posible de sus familias. No es que no quieran estar cerca; es que saben que éste es un dolor de ellos, y que son ellos quienes lo podrán acompañar mejor.

Lucía y Javier tienen muchas ganas de ir a abrazar a su niño, pero saben que vivir plenamente ese rito humanizante es más importante y útil para Pablo que cualquier cosa que ellos puedan hacer o decir.

Deciden ir por un vaso de agua de jamaica. Se ve que está buena: roja, casi fosforescente. La hizo la mamá de algún niño del otro equipo. Al verlo de cerca, Lucía se da cuenta de que el niño con bigotes en realidad tiene tremendo lunar debajo de la nariz. Le da risa su miopía temporal provocada por la pasión del futbol.

Lucía y Javier hablan y deciden que será él quien irá a conversar con su hijo. La decisión no es complicada y está basada en el hecho de que fue el papá quien ayudó a entrenar a Pablo estos últimos días.

Camina despacio hacia la tribuna sur. No hay prisa.

Se acerca de frente; mira a Pablo y le pide permiso con los ojos para incorporarse al ritual. El círculo que han formado estas niñas y estos niños, desde la compasión, la empatía y el cariño; desde la comunidad, la solidaridad y el silencio, es un espacio sagrado; es una catedral. "Deberíamos acercarnos sin zapatos", piensa Javier.

Javier se pone en cuclillas junto a su hijo; lo hace así pues entiende que para ser útil tiene que ponerse "a la altura" de lo que está sucediendo ahí. Hace una nueva pausa. Larga. En silencio, respetando aquello. Mira a su hijo a los ojos, sin presionarlo, con cariño.

—Estás muy triste, ¿verdad?

—Sí —responde Pablo con la voz totalmente rota.

Nueva pausa. Paz.

—Yo también me pongo muy triste cuando pierdo —le dice pausadamente aquel sabio papá.

Pausa. Doble. Silencio. Paz.

—¿Tú sabes qué me sirve cuando estoy muy triste, hijo? —pregunta Javier.

—¿Qué, papá? —responde el niño agobiado temporalmente por aquella tristeza profunda, útil, provocadora.

—A mí me sirve mucho que me den un abrazo —pausa, pequeña esta vez—. ¿Tú querrías que yo te dé un abrazo?

La respuesta no llega con voz. Llega en abrazo. Pablo se lanza a los brazos del papá en medio de un llanto casi histérico. Gracioso y triste a la vez.

Javier mece a su hijo. Eso lo aprendió de Lucía cuando los niños eran muy chicos. Lo mece de un lado al otro, paciente, alegre por la oportunidad que la vida le ha regalado con la paternidad, y triste, acompañando la tristeza de su hijo. Lo mece en silencio, sin más pretensión que esa: acompañar. Lo mece hasta que siente que se ha calmado un poco.

Pausa. Paz. Apretón fuerte.

Y una vez calmado le dice:

—¿Nueve-cero, chaparro? —el niño se aparta sorprendido, enojado—. ¿Cómo nueve? Son muchos, ¿no? —le dice el papá ya con franco sarcasmo; con coraje y risa, Pablo se separa de los brazos de su papá—. Hay que ponerse a entrenar, ¿eh?, que nueve goles son un montón. Venga, en cuanto acabes aquí con tu banda, a la casa, que está todo el circo de tíos y pericos allá —termina Javier.

Pablo tiene un sentimiento que sólo los niños pueden aceptar con naturalidad. No tiene nombre porque es una rara mezcla de carcajada con furia. *Furijada,* le podríamos llamar aquí.

El papá lo aprovecha. Se pone nuevamente en cuclillas y lo mira a los ojos con una sonrisa que surge un poco de la complicidad y un poco de la sana burla. "A ver, ¿qué aprendes de esto Pablo?, ¿qué te llevas de esta cancha hoy?"

En los siguientes minutos Pablo le contará a su papá todo lo que aprendió ese día. Javier lo escuchará con paciencia, sin querer imponerle algún aprendizaje concreto; lo acompañará. Descubrirá que su hijo ha aprendido —por sí solo y mediante el acompañamiento de sus amigos y de su silencioso y sarcástico papá— que el dolor puede ser útil cuando lo convertimos en aprendizaje, que llorar está bien, que estar triste está bien, que hacerlo en comunidad es el mejor modo de trascenderlo. Pablo aprenderá que los hombres lloran, niños o adultos; que tiene derecho a sentir y a trabajar lo que siente.

Pablo aprenderá mucho con las nueve veces tremenda paliza y con el ritual redondo y humano que sin saberlo construyó con sus otros quince amigos y amigas del futbol. Se lo comunicará al papá en su idioma, en el de los niños de nueve años.

Luego también aprenderá de la burla payasa y cantadita del hermano mayor y del silencio compasivo y generoso de su hermanita. Aprenderá de la tortura amorosa de la extraña familia de San Luis y, sobre todo, aprenderá que cuando uno pierde —nueve a cero— no merece pizza, ni medalla de chicle. Merece ponerse a entrenar porque perder tiene consecuencias y el futbol sólo es un juego que sirve para vivir mejor. Se comerá una carne asada y un nopal. Y ya.

Luego, en su cama, Lucía, Javier y Pablo podrán llorar un poquito por lo que pasó ese sábado. Será ya un llanto distinto, con una saludable mezcla de tristeza y alegría. Javi dormirá inquieto por tanto regaño (al menos el Javi de la primera versión), Lupi dormirá como un lirón (la de ambas versiones, porque la sabiduría cansa), y en medio de su llanto Pablito vivirá unos nuevos minutos de *furijada* recordando el sarcasmo graciosísimo de su papá; será una *furijada* útil que le recordará que es miembro de un clan y que está protegido y es querido. Y ya. Se dormirá.

Domingo por la mañana. La familia de San Luis por fin se va. Pablito se pone a reflexionar y el lunes entrenará de nuevo. Unos días después, habiendo recibido algunas burlas, abrazos, bromas y signos de solidaridad en el colegio, aquel partido, aquella final importantísima, habrá pasado a la historia; a su historia personal.

Pero el aprendizaje no; ése se quedará.

Es posible (sólo posible), que el dolor bien acompañado que provocó la paliza aquella de nueve a cero durante la final del campeonato de tercero de primaria, haga que el Pablo adulto sepa cómo se siente —en el cuerpo— la resiliencia, y que haya aprendido, entre otras muchas cosas, que el duelo en comunidad sana.

Es posible.

La vida de Pablo lo dirá.

2. La vida: luces y sombras

No es necesario salir a buscar la adversidad. Ésta llegará a nuestras vidas de un momento a otro. Se presentará muchas veces y de modos muy variados. Como dice la sabia Lourdes, mi hermana, al hablar de adversidad con sus hijas: ¡es lo que hay!

Casi ninguna adversidad será más grande que nosotros o que nuestra capacidad para enfrentarla, pero casi siempre sentiremos, al menos por unas horas, que la adversidad nos vencerá.

Alguien se irá o dejará de querernos; alguien enfermará, alguien morirá. Perderemos algo, morirá nuestra mascota; nos equivocaremos y la culpa será una losa pesada que nos quitará movilidad; nos despedirán de algún trabajo; la mujer de nuestros sueños se casará con algún tipo menos interesante que nosotros; no podremos vivir en nuestra ciudad preferida ni tendremos el talento para ser actores de cine o tenistas profesionales. Perderemos, además, la final de futbol de tercero de primaria... nueve a cero.

Pero también veremos que mientras hacemos lo que amamos, alguien llegará a nuestra vida y nos querrá mucho; alguien sanará; alguien morirá pero habremos podido disfrutar y crecer juntos, y llegado el momento, despedirnos y dialogar. Disfrutaremos durante años a nuestra mascota; acertaremos en muchas decisiones y nos sentiremos bien por ser adultos; haremos lo posible por disfrutar nuestro trabajo y apasionarnos con algún proyecto; nos casaremos con una mujer fantástica, que nos ame y que nos ayude a sentirnos muy interesantes; aprenderemos a vivir con alegría en nuestra caótica ciudad y descubriremos su grandeza; seremos buenos en lo que hagamos: buenos técnicos, ingenieros, carpinteros o hasta actores o tenistas profesionales. Habremos llegado a la final de futbol en tercero de primaria, y la semifinal la habremos ganado... tres a uno.

La adversidad, la sombra, el fracaso, la enfermedad o el miedo son "tan vida", como la alegría, la luz, el éxito, la salud o el amor. La existencia humana viene con luces y con sombras.

¿Por qué entonces resulta tan difícil fracasar, perder el amor o caer enfermos? ¿Por qué resulta tan difícil morir? Cada escuela de psicología o de filosofía, cada mirada desde la antropología o la sociología, nos darán una o muchas respuestas a esta pregunta fundamental y casi necesaria. ¿Será porque el hombre se debate entre lo que ha querido ser o dejar de ser lo que es?;[1] ¿será porque nuestra natural tendencia actualizante[2] no es compatible con el fin de la vida?; ¿podría ser también porque hemos entregado la muerte a los médicos y a los hospitales en un afán por olvidarla o disfrazarla?[3]

¿Por qué nos disgusta tanto perder? ¿Por qué parecemos estar bien formados para el éxito, para la medalla de oro, pero no para el fracaso?

Desde el ámbito educativo, la respuesta es sencilla de encontrar: no estamos formando a nuestros hijos para perder, fundamentalmente porque hemos creado una proyección de sus vidas en las que sólo cabe "lo bueno".

Éste quizá es nuestro primer error en la construcción de una pedagogía para una "vida que es luz-sombra": nos hemos creído aquello de que existen algunos sentimientos que son "buenos" y otros que son "malos". Por alguna razón que trataremos de descubrir más adelante, se ha hecho pedagogía de este equivocado constructo de pensar que es posible juzgar moralmente las emociones.

Formamos y hemos sido formados con la idea de que la alegría, el amor o la aceptación, por ejemplo, son buenos, y que, por el contrario, la tristeza, el miedo o el rechazo son malos.

Juzgar el sentimiento, etiquetar moralmente una emoción, es tan absurdo e inútil como decir que está bien tener hambre pero está mal tener sed. Desde luego, en el proceso de formación pode-

[1] Jean-Paul Sartre, *El existencialismo es un humanismo*, Editores Mexicanos Unidos, México, 2008.

[2] Carl Ransom Rogers, *Terapia, personalidad y relaciones interpersonales*, Ediciones Nueva Visión, Buenos Aires, 1985.

[3] Jesús M. de Miguel, "'El último deseo': para una sociología de la muerte en España", Revista Española de Investigaciones Sociológicas (REIS) 1, 71-72, julio-diciembre de 1995, 109-156 pp.

mos juzgar la conducta que se manifiesta como consecuencia del sentimiento, pero no la emoción en sí misma; es decir, podemos poner un límite claro y contundente a la rabieta que hace un chico como consecuencia de una sensación de enojo o frustración, pero haremos muy mal si intentamos poner límite al enojo en sí.

Los sentimientos surgen como sensaciones en el cuerpo. Las más comunes se sienten en la zona de las vísceras, aunque no exclusivamente, y son interpretadas por el organismo humano como llamadas de atención frente a situaciones o necesidades internas o externas. La conciencia emocional se constituye así en una suerte de sistema de alerta que nos pide, primero desde el cuerpo y luego desde la construcción de una idea-emoción (cuando le ponemos nombre y la ratificamos desde la experiencia), que atendamos esa señal de alarma concreta, pues es importante y requiere que respondamos mediante el cumplimiento de alguna tarea particular.

Este complejo pero a la vez sencillísimo y natural sistema de alertas nos invita a trabajar desde una realidad que fácilmente puede confirmarse en la existencia: toda emoción tiene un propósito, y una vez que éste se ha cumplido, se irá. Ninguna emoción "se queda" en nosotros para siempre, pero es necesario trabajar para que el propósito por el que la generamos se cumpla.

En términos muy generales, podríamos decir que la tristeza tiene el propósito de la reflexión profunda mediante el duelo; el enojo busca, mediante su aparición, el reclamo, la defensa de la autonomía y el respeto a los propios derechos; el miedo nos alerta frente al peligro para que busquemos defendernos y pedir ayuda cuando esto sea posible; la alegría nos invita a la celebración. Cada sentimiento tiene su propósito. Cada uno exige un trabajo y se constituye como una invitación amplia para nuestra conciencia.

Por eso no cabe el juicio moral sobre la emoción.

Es común en los velorios oír a la gente decir cosas como: "La mamá de fulano (el muerto) está *muy mal*", cuando deberíamos decir: "La mamá de fulano, como era de esperarse, está muy triste"; estamos acostumbrados a decir que: "esos que se están divorciando *están fatal*, no pueden llegar a un acuerdo básico", cuando en realidad lo que sucede es que "esos que se están divorciando están todavía muy enojados, por lo que en estas semanas será difícil que lleguen a acuerdos básicos".

Desde la idea de que hay sentimientos, sensaciones y situaciones que debemos evitar, construimos una mirada muy limitada sobre nuestro mundo emocional, y esta mirada tiene consecuencias.

La primera, la más inmediata y quizá la más dañina, es que frente a la seudoevidencia de que "es malo" sentir tristeza o miedo, elijo evadirlos, negarlos o huir de ellos. Construimos equivocadamente una identidad en la que no caben estos sentimientos malos, y luego la casa, la escuela, la televisión, la religión y hasta el deporte comercial de competencia nos ayudan a reforzar y hasta a ratificar esta idea.

Todos los vínculos que me impulsan a la formación de la identidad me recuerdan existencialmente que es mejor evitar, evadir o huir de los sentimientos negativos, pero mi sensación interna me dice otra cosa; es decir, experimento cotidianamente la sensación subjetiva de ser y de estar en el mundo, aquella que me confirma que soy único y diferente de los demás desde la incongruencia entre el "yo ideal" (ése que evade y huye) y la experiencia (ésa que me invita a enfrentar y a quedarme).

Esta incongruencia genera una tensión sumamente paradójica, y en ocasiones muy neurótica, pues confronta la sensatez de la experiencia vivida con una condición insensata en el imaginario colectivo que me impulsa a actuar en contra de mi sensación interna: limito el llanto, limito el reclamo, niego el miedo, evito a toda costa el rechazo aunque el cuerpo me invita a llorar, o la conciencia a reclamar y a protegerme. Crezco limitado. Y, peor aún: le limito a mi hijo el llanto, le limito el reclamo, le hago negar el miedo, lo obligo a ser atractivo siempre.

Formamos con la idea, inicialmente comprensible, de que al evitar que nuestros hijos se expongan al dolor, al enojo o al miedo, estamos protegiéndolos. Educamos buscando alejar a nuestros hijos a toda costa de los sentimientos negativos, sin darnos cuenta de que, al hacerlo, los estamos ayudando a construir un modelo de autosabotaje que eventualmente tendrá un costo en su vida, pues la inevitable adversidad llegará, y ellos no sabrán cómo se enfrenta.

Por evitarles la pequeña tristeza de perder una final de futbol quizá los estamos limitando para que luego puedan enfrentar y aprender de la pérdida de un trabajo. Por evitarles de niños el miedo de enfrentar a compañeros que los agreden en la escuela, probablemente estamos disminuyendo su capacidad futura para defender sus derechos ciudadanos. Al evitar una pena menor, es posible que los desarmemos para la inevitable pena mayor.

Pero no es sólo eso. También es fundamental entender que "mi modo" de enfrentar el dolor, el miedo o el fracaso, servirá de sustento para su formación *en* y *para* la adversidad.

Cuando elijo hacerme el fuerte en medio de la adversidad, cuando elijo no llorar, no trabajar la tristeza, no dejar que temporalmente se instale en mí para que rinda fruto, es posible que mi sabotaje emocional me lleve a la tristeza profunda, casi crónica.

Cuando elijo no enojarme, no reclamar, guardar las formas a pesar de mí mismo, o, por el contrario, elijo reclamar de modo desmedido, inmaduro e inadecuado psicosocialmente, es posible que me convierta en un hombre frustrado e incapaz de establecer o negociar límites.

Cuando elijo negar el miedo y no me protejo o no pido ayuda, es posible que me convierta en un hombre temeroso, con baja confianza en mí mismo y con una estima personal también baja.

Cuando frente a mi hijo me convierto en un hombre o en una mujer con una tristeza crónica o con altos niveles de frustración, incapaz de establecer límites o sin confianza en mí mismo, es posible que mi ejemplo de vida le impida luego responder frente a la adversidad.

Pero si recordamos la premisa de partida: todo sentimiento tiene un propósito, y una vez que éste se ha cumplido, nos dejará, podremos ver que la salud emocional radica en dejar que el sentimiento que surge de mí actúe en mí.

Mira con cuidado lo bien que está diseñado cada sentimiento:

Cuando elijo que —temporalmente— la tristeza me inunde como consecuencia de una pérdida real, lo que sucederá es que disminuirá mi nivel de energía y me veré obligado a estar en silencio. Estar sin energía en efecto suena muy "malo", pero el hecho es que sólo así podré "meterme"; y necesito "entrar", pues es "dentro" donde encontraré las respuestas a la adversidad.

Cuando elijo que —temporalmente— el enojo me haga alzar la voz frente a la injusticia, seré capaz de defenderme, de establecer con claridad límites y convertir mis derechos en voluntad.

Cuando elijo que —temporalmente— el miedo me ponga en estado de alerta, seré capaz de levantar la mano y pedir ayuda a mi comunidad o podré encontrar la sensatez para levantar mi coraza o mis defensas para no dejarme vencer por la adversidad. Cuando eso ocurre, la estima que siento por mí mismo crece, y encuentro dentro una fuente de seguridad.

Sucede lo mismo con los sentimientos que equivocadamente llamamos positivos o buenos: hay que celebrar en la alegría y compartirnos en el amor.

La vida nos generará una buena dosis de luz y de sombra, ambos elementos de la misma cosa, caras de una misma moneda.

La espiritualidad judía lo explica de modo extraordinario: hemos sido puestos en este mundo imperfecto e inacabado para colaborar con Dios en su proyecto, y aunque la imperfección duele y confunde, al final premia, pues da la oportunidad de contribuir a balancear aquello que fue creado en desequilibrio. Lo justo es aprovechar la vida para una labor nada menor: participar en la obra de Dios.

Por eso, cada vez que hacemos algo bueno por alguien que vive alguna adversidad, es decir, cada vez que desde nuestra luz iluminamos la sombra de alguien, simplemente estamos haciendo un un *tzedakah,* un "acto de justicia". Visto así, el mal, el fracaso, la enfermedad, e incluso la muerte de otro de mi comunidad, es una oportunidad para mí (que lo acompaño) para hacer "una justicia" y ayudar a Dios a completar su bondad.

La vida es así. Y si aceptamos con alegría la luz, tendremos que empezar a aprender a aceptar, también con alegría, la sombra.

Es la alegría que nace al descubrir que en aquel doloroso nueve a cero surgió en mí la posibilidad de convertirme en un adulto capaz de transformar el dolor en maestro.

3. La resiliencia: formar y formarnos *en* y *para* la adversidad

La resiliencia en psicología es una metáfora que le robamos a la ingeniería.

En el mundo de la mecánica de materiales, la resiliencia podría definirse como la capacidad de un material de absorber energía sin deformarse de manera permanente, o la capacidad de volver a su forma anterior después de ser deformado por una carga externa.[4]

Esta imagen trasladada a la persona resulta útil, pues es una meta de la psicología el acompañar a la persona a recuperar su forma psicológica anterior, después de ser deformada por una carga externa, es decir, acompañarla a recuperar la organización psicológica después de la crisis.

Sin embargo, en la actualidad, el concepto va mucho más allá de una simple recuperación de la organización psicológica; hoy decimos que la resiliencia humana es la capacidad de convertir el dolor en maestro.

Como lo discutíamos en el apartado anterior, cada sentimiento que surge de nuestro organismo tiene un propósito concretísimo. Una vez que ha cumplido su misión, la emoción desaparecerá, no porque la hayamos eliminado, sino porque hemos sido capaces de transformarla en conocimiento, en acción, en aprendizaje, en conducta, en conciencia.

Si lo permito, si lo hago consciente, es un hecho que cuando el dolor me invita a reflexionar, aprendo; cuando el miedo me invita a hacer comunidad, aprendo; cuando el enojo me obliga a reclamar, aprendo. Pero la clave está en lograr traer a la conciencia aquello que me sirve para aprender.

Encuentro que hay tres elementos claves para promover el aprendizaje desde la adversidad:

a) La capacidad para que la adversidad quepa en la vida.
b) La capacidad para confiar en la propia experiencia y, luego, compartirla.
c) La capacidad para estar y actuar en el presente.

[4] R. C. Hibbeler, *Mecánica de materiales*, Pearson Educación, México, 2006.

Al revisarlos, vale la pena que te preguntes: ¿dónde estoy yo, y dónde están mis hijos?

Para que la adversidad quepa en la vida

Cuando la adversidad se instala en la vida es necesario que en algún momento los adultos seamos capaces de elegir una postura existencial desde la cual enfrentar la pérdida o el dolor. No es un tema menor.

No basta, desde luego, con que "nos diseñemos" una postura y luego la pongamos en práctica, pues muchas veces la adversidad es (o parece) tan grande que no basta nuestra voluntad. Antes tendremos que descubrir cómo simbolizamos la adversidad en nuestras vidas, pues sin ello será imposible aprender desde el dolor, y por tanto, no podremos formar a nuestros hijos aprovechando las adversidades con las que los reta la vida.

Lo primero que tendremos que preguntarnos es lo siguiente: ¿desde dónde miro yo la adversidad? ¿Desde qué posición?

Existe una gran diferencia entre quienes piensan: "Esto me está pasando" y quienes piensan: "Esto está pasando". Típicamente los primeros miran la adversidad desde dentro, en primera persona del singular o del plural, y por eso se preguntan: "¿Por qué me está pasando esto a mí (o a nosotros)?" Quienes construyen desde esta óptica invierten una enorme cantidad de tiempo en tratar de entender por qué alguna fuerza superior o simplemente la mala suerte les toca siempre a ellos.

Es fácil que este primer grupo de personas se victimice y sufra. La adversidad normalmente viene acompañada de dolor y casi siempre las personas somos capaces de trabajarlo adecuadamente, pero quienes miran la adversidad en primera persona le suman al dolor una enorme cantidad de "agravantes" que surgen de su proceso de victimización. Estos añadidos artificiales que le sumamos al dolor lo convierten en sufrimiento.

Si muere alguien muy querido, por ejemplo, sería natural entender que surgirá en mí un dolor grande que me invita al silencio, a la reflexión, a la sensatez. Es un dolor manejable que, como ha quedado establecido, se irá de mi vida una vez que haya cumplido su propósito. Hasta ahí todo va muy bien.

Pero si yo miro en primera persona la muerte de mi amigo y le añado a ese dolor mis propias culpas y mis inseguridades, entonces lo convierto en sufrimiento, el cual se vuelve inmanejable y se percibe de modo un tanto paranoico, pues parece que fue diseñado "para mí".

El dolor descrito arriba es suficiente para que yo arranque mi proceso de duelo, pero como quiero "convencerme" de que esta persona se me murió a mí, hago una pausa y me digo: "Debí haberle dado más de mi tiempo, debí haberlo escuchado con más paciencia, debí perdonarlo antes, no debí juzgarlo", etcétera.

Estos añadidos al dolor lo hacen muy difícil de manejar e impiden que yo pueda ver más allá del hecho concreto de la muerte de mi amigo (que, desde luego, le pasó a él).

Quienes conforman el segundo grupo y piensan: "Esto está pasando", miran por tanto el hecho desde una sana distancia y, en consecuencia, son mucho más capaces de elegir una postura útil para enfrentarlo.

"Mi amigo se murió: ¿qué hago con esto?"

Puedo elegir asociarme con "lo sano" de la muerte de mi amigo, o con "lo patológico" de su muerte; es decir, puedo elegir el silencio, la reflexión, la sensatez y la resiliencia, o el sufrimiento, la injusticia y la paranoia.

Sólo para quienes se colocan en este segundo grupo es posible que la adversidad quepa en sus vidas de modo normal y sano. No buscan la adversidad, pero entienden que es parte de la vida y, por lo tanto, existe para algo. Quienes son capaces de mirar desde la distancia redentora pueden encontrar sentido al dolor y desde ahí aprender. Para ellos, la resiliencia es un proceso normal de vida. Desde luego: es muy fácil de decir pero muy difícil de lograr.

Confiar en la experiencia y compartirla

La resiliencia no se aprende en alguna materia del colegio, en los libros (¡desde luego no en éste!) ni en la televisión (mucho menos). La resiliencia se aprende viviendo, o como dice el bueno de Jorge Font: se aprende a esquiar esquiando.

Font, con su vida, se ha convertido en el gran maestro mexicano de la resiliencia, fundamentalmente porque ha verificado de manera existencial una verdad que es emocionante: el profundísimo aprendizaje que surge de la adversidad al ser intencional y consciente, transforma la vida de quien lo genera y tiene el potencial de transformar también vidas en su comunidad o con sus palabras. Font lo dice mucho mejor: "Cuando yo me rompí, también se rompieron los que me querían: mi familia y mis amigos, y lo único que a mí se me ocurrió hacer fue reconstruirme y plantarme frente a ellos con la esperanza de que se reconstruyeran también".

El material de estudio de la resiliencia es la propia experiencia, pero para poder usarla de modo pleno primero tenemos que *desaprender* algo que nos ha sido enseñado casi obsesivamente, y es que podemos confiar más en los expertos, en los libros, en los sabios, que en nuestra propia experiencia.

Esto no es necesariamente cierto.

José Gómez del Campo, maestro de formadores y terapeutas, lo plantea de modo magistral: "Lee todo lo que puedas sobre el tema, busca todas las referencias bibliográficas que puedas, discute fuerte con los autores, pero cuando ya estés frente a la persona que vas a acompañar, olvida toda la teoría y simplemente sé tú mismo, completamente, y ponte disponible para el otro".

Para que el aprendizaje sea verdaderamente significativo es necesario que surja desde nuestra experiencia. Y es que, ¿dónde aprende mejor un alumno a negociar? ¿En su curso de negociación, o negociando con el sindicato durante su primera experiencia laboral? ¿Dónde aprende mejor a amar una chica: leyendo a Fromm o construyendo una vida con su primera pareja? ¿Cómo se podría aprender a esquiar leyendo?

La adversidad, por definición, es "mi experiencia", y por eso, para que sirva como materia de expansión de mi conciencia primero debo confiar en su riqueza; para verificar que en efecto mi experiencia aporta y es valiosa, el mejor modo es compartiéndola en comunidad.

En los grupos terapéuticos quizás es donde se hace más evidente esta realidad. En mi opinión, el mejor modo (terapéutico) de trabajar el duelo es en grupo. La experiencia nos dice que en comunidad el duelo se procesa de modo más completo y productivo; es decir, que la acción de compartir en grupo promueve y facilita la capacidad personal de resiliencia.

En buena medida esto es así porque lo más personal, lo más íntimo, lo más escondido resulta, en grupo, lo más universal, lo más común, lo más comprensible.

Consideremos este ejemplo que surge de la realidad: doce mujeres, madres de niños muy enfermos con pronóstico terminal, se reúnen los jueves por la noche en una salita que les presta el hospital donde sus hijos son o fueron atendidos. Su dolor es simplemente incomunicable; no hay palabras que alcancen para expresar lo que sienten, pero a pesar de eso hacen un esfuerzo semanal por sacar vapor, por aligerar la carga, por encontrar sentido.

El único modo que les funciona es compartiendo su experiencia, su dolor, su rabia, su miedo, su frustración y, como siempre ocurre en la vida, también su alegría, su capacidad de amar, su agradecimiento y su generosidad.

Llegado el momento, una de ellas, que ha estado nerviosa durante toda la sesión, explota en un llanto que sofoca a las otras once mamás, doce hermanas. Su catarsis provoca de modo natural en las demás una empatía total, real. Lentamente, con una tristeza que es casi imposible describir, esta mujer empieza a hablar. De modo pausado. Abrumada por el dolor.

—Quiero compartir con ustedes —empieza lentamente— que llevo semanas pidiendo a Dios… —pausa, larga, brutal— que llevo pidiéndole a Dios… que por favor ya se muera mi niño —pausa, interminable, llanto, búsqueda—. Ya no puedo más; estoy muy, muy cansada… Pero luego, unas horas después, cuando veo a mi niño, me odio por haber pedido aquello. Me siento fatal, me quiero morir.

Cuando esta mujer levanta la mirada, lo único que ve son los ojos de once mujeres, hermanas, que desde el poder del silencio le dicen: "A mí también me ha pasado lo mismo. No te sientas mal. Todas ya estamos muy cansadas y es normal que sintamos que ya no podemos más. Sabemos lo mucho que amas a tu hijo. Eres una buena mamá."

No hay terapia que supere esas once miradas empáticas, aceptantes, congruentes, útiles; y esta mujer habrá aprendido más en esos veintidós ojos compasivos cuando se atrevió a compartir la experiencia de su adversidad, que lo que hubiera podido aprender leyendo una biblioteca completa o atendiendo mil seminarios en la escuela de padres.

Compartir su experiencia de dolor le ha enseñado a mirarse a sí misma de modo diferente, pues se ha podido ver reflejada en esos once espejos, bien pulidos, y ha mirado ahí nuevas posibilidades para su adversidad, nuevos caminos para ella, para su hijo y para su comunidad.

El trabajo de quienes acompañamos el aprendizaje desde la adversidad —maestros, religiosos, terapeutas, padres o madres— nos invita básicamente a convertirnos en espejos iluminados con la luz de la compasión, la empatía y la aceptación, para luego ponernos frente al acompañado y, con sencillez, dejar que éste se mire ahí y pueda, si así lo decide, construir nuevos caminos y posibilidades que le permitan expandir su conciencia… y la nuestra.

Si quien vive la adversidad elige mirarse en un espejo que ha sido pulido para acompañar su dolor, entonces habremos cerrado el ciclo que permite ganar, perdiendo.

Estar y actuar en el presente

Pero de nada habrá servido hacer hueco en nuestra vida para aceptar con naturalidad y salud la adversidad, o aprender a confiar en nuestra propia experiencia compartida, como fuente de resiliencia, si no somos capaces de traducir lo aprendido a la vida. Porque ¿de qué nos serviría formar nuestra conciencia, sin manos?

Una vez que ya normalizamos la adversidad (es decir, que la aceptamos como parte de la vida, sin más) y que hemos puesto el aprendizaje resiliente, disponible para nuestra conciencia (cuando comparto mi experiencia), entonces es tiempo de actuar.

No basta la reflexión para convertir en vida el aprendizaje. Hay que usar las manos. Es estéril una reflexión sin acción. Mis hermanas de la Congregación de Jesús María en México lo dicen de un modo fascinante: ¡está prohibido orar, sin actuar!

La propuesta, como lo dice el título de esta sección, es estar y actuar. Y como primero es lo primero, es necesario, antes que otra cosa, estar en el presente.

Mi amigo Eduardo Garza habla de la posibilidad de construir —para quien la necesite— una suerte de terapia de la sincronía; una que nos permita descubrir existencialmente que es viviendo conscientemente en el presente donde podremos encontrar salud.

El pasado, dice Eduardo, es el tiempo del anciano, y quien ha decidido "vivir ahí" ejerce un conservadurismo patológico que no le permite desprenderse de lo que ya pasó, y, en consecuencia, no sabe o no puede disfrutar de su vida aquí. En el otro extremo se encuentra el enfermo de futuro, que es el tiempo del adulto, y quien decidió "existir allá" se llena de angustias y de fantasías catastróficas por lo que le podría pasar.

La salud pareciera estar en la sabrosa sabiduría de los niños que saben vivir donde sí están, es decir, aquí y ahora.

Trasladarnos al presente es cosa sencilla, si queremos. Requiere de la sabiduría del niño y de dos certezas:

1) Yo soy mi pasado. El yo de hoy es producto de las decisiones adultas que he tomado a lo largo de mi historia personal y de la responsabilidad que he sido capaz de asumir en medio de mi circunstancia; por eso no necesito vivir allá.

2) Sólo podré cumplir mi visión de futuro si en el presente (aquí y ahora) pongo todo mi talento, mis principios, mi conciencia y mis actos al servicio de mi proyecto; por eso no me sirve vivir allá.

Llegar al presente es sencillo; quedarse, es ya todo un tema distinto.

La buena noticia es que las herramientas que tenemos a la mano para acostumbrarnos a vivir en el presente son todos buenos regalos para la vida. Desde la dimensión biológica podemos echar mano de la respiración profunda o el hábito del ejercicio cardiovascular (sin audífonos). Desde la dimensión psicológica, la lectura diaria y el ejercicio de la escucha activa y profunda resultan útiles. Activar la compasión y hacer un *tzedakah*, algo justo por otros, es un buen camino desde la dimensión social. Y, por supuesto, en la dimensión espiritual encontramos muchas posibilidades: la oración, la meditación, el yoga, los ejercicios espirituales o el tai-chi, entre otras.

Quienes nos dedicamos a acompañar a personas en medio de su adversidad, vemos con entusiasmo cómo estas herramientas, disponibles prácticamente para todos, funcionan muy bien. Cuando las personas acompañadas logran instalarse en el presente, entran en círculos virtuosos extraordinarios: disminuye notablemente la angustia y la fantasía catastrófica, duermen mejor (¿se imagina lo que duerme la mamá de un niño con pronóstico terminal?), están menos irritables y, en general, presentan conductas mucho mejor adaptadas, pueden disfrutar mejor del silencio y descubren nuevos caminos para su espiritualidad.

Si logramos formar niñas y niños que se conviertan en adultos capaces de mantenerse en el presente, sin duda estaremos aportando mucho en su formación para y desde la adversidad.

Una vez aquí, demos paso al segundo componente de este elemento; es decir, ahora hay que actuar (en el presente).

Decíamos que la conciencia sin manos, la oración sin acción, o la intelectualización que no transforma la realidad, parecieran estar incompletas. Quienes son educadores (es decir, todos los papás) confirman existencialmente que la transformación de la realidad —en el proceso creativo— surge de la concientización, la oración o la intelectualización, donde niñas y niños, adolescentes y, claro, también nosotros, completamos el aprendizaje, pues lo convertimos en algo.

Pero, además, el aprendizaje que surge de la adversidad parece tener vocación de "acto moral", es decir, uno que se convierte en hábito, en costumbre.

En la educación, en todos los niveles y desde todas las trincheras, se habla mucho de valores, de la importancia de educar en ellos. Con esperanza vemos que muchos textos y corrientes proponen la adversidad como fuente fundamental para aprender sobre lo valioso. Lo malo, quizá, es que proponen una versión teórica de la adversidad, es decir, no utilizan la experiencia de los alumnos para discernir —desde la realidad— sobre la importancia de elegir bien.

Si en lugar de proponer dilemas éticos externos, optamos por hacer que el chavo descubra en su propia historia personal, en sus propias adversidades, conductas concretas, adaptadas o inadaptadas, y lo invitamos desde ahí a construir una metodología de discernimiento, le estaremos facilitando el acceso a mucho conocimiento significativo para la vida.

Pero queda nuevamente la pregunta de cómo hacer que ese conocimiento, que tiene un significado verdadero y valioso para el alumno o el hijo, se convierta en hábito, en vida.

La respuesta está en un espejo.

Si logramos rodear a ese chavo de espejos iluminados desde la luz del valor que buscamos que incorpore a su vida, y logramos que ella o él se puedan mirar ahí, entonces será posible que el significado encontrado en su propia experiencia se haga voluntad, y la voluntad, costumbre. Es decir, un camino muy certero para lograr que nuestros hijos o alumnos aprendan de modo resiliente, es —como siempre— mediante el ejemplo vivo de quienes asumimos corresponsabilidad en su formación.

Porque sin espejos, ¿cómo se forman los niños?

4. ¿Qué hacemos con la violencia?

La violencia es, sin duda, un caso particular de adversidad que merece ser revisado aparte.

Vivimos rodeados de violencia. A nuestro alrededor existen personas violentas, sí, pero también hay espejos que nos permiten, por desgracia, descubrir nuestra propia violencia. Además de la violencia frente a la cual los ciudadanos parecemos estar impotentes, es importante reconocer que muchas veces los padres de familia "mal acompañamos", generamos y permitimos muchos actos violentos.

Un primer nivel de violencia existe dentro de nuestras casas y comunidades, y se vuelve casi omnipresente porque hemos permitido que sea parte del paisaje de nuestro hogar y de nuestros barrios. Es un problema que se agrava porque típicamente lo acompañamos muy mal.

Es la violencia que todos los días vemos en la televisión y a la que nos enfrentamos cuando caminamos con nuestros hijos en la calle.

Si encendemos la tele a cualquier hora y revisamos unos diez canales, la probabilidad de presenciar al menos un hecho violento es prácticamente del cien por ciento. Luego está la calle. Diariamente caminamos con nuestros hijos frente a estantes de periódicos y revistas que en México todavía son peores que la televisión, pues parecen ser una especie de vitrina del horror.

El problema no es necesariamente que estén ahí, frente a nosotros; el problema es que nuestra tarea como padres, como maestros, como ministros de algún culto, es acompañar a nuestros hijos cuando está presente este tipo de violencia, y la evidencia nos dice que hasta ahora lo hemos hecho francamente mal: nuestro trabajo de diálogo y de formación no ha sido suficiente, con lo cual este tipo de violencia sigue apareciendo... en la sala de nuestra casa.

Un segundo nivel de violencia, en mi opinión mucho peor y cuya erradicación está totalmente en nuestras manos, es la que surge desde nuestras casas, en nuestros automóviles, en los salones de clases, en los templos. Son nuestras violencias. Las que creamos nosotros, las íntimas, las cercanas, las familiares, las heredables, las que emergen de nuestras frustraciones y necesidades no satisfechas y que se traducen en conductas, a veces hábitos, que sufren nuestros hijos y alumnos día con día.

No es nada sencillo eliminarlas porque necesitaríamos, primero, convertirnos en verdaderos adultos para luego dedicarnos a construir alguna estrategia concreta de cambio personal; requiere típicamente el acompañamiento de un profesional y de mucha decisión, paciencia y tiempo. Desde luego, parece que tampoco estamos trabajando mucho por lograrlo.

El tercer nivel, el más grave de todos, surge de personas enfermas o muy limitadas que en casos extremos son capaces de dañar a nuestros hijos y que disparan crisis complejas que son muy difíciles de sanar.

Para acercarnos a este tema complejo y tratar de construir algunas respuestas frente a la violencia resulta fundamental, primero, distinguir entre agresividad y violencia.

Juan Lafarga nos invita a reconocer existencialmente que la agresividad, puesta en un contexto adecuado y bien acompañada, en realidad debería ser una fuerza creativa, positiva, útil.

La opción antropológica por la salud y el crecimiento que guía este capítulo nos permite darnos cuenta de que la agresividad es una manifestación en el organismo humano que surge cuando existe una frustración de alguna necesidad significativa de la persona, sea ésta aprendida o natural. Es una respuesta psicosomática que se presenta en todos y que, contrariamente a lo que se pudiera pensar, en realidad es una energía positiva que nos permite superar obstáculos.

Como cualquier otra energía humana, la agresividad puede manifestarse de diversas maneras. Para Díaz Ibáñez, ésta puede, por supuesto, convertirse en violencia hacia otros o hacia uno mismo; o, por el contrario, en la energía que permita positivamente superar el obstáculo de la necesidad frustrada.

La agresión hacia otros típicamente se traduce en violencia, pasiva o activa; la agresión hacia uno mismo se puede traducir en sentimientos de inadecuación o violencia intrapersonal con la nefasta consecuencia de un diálogo interior dañino que con el tiempo y la recurrencia nos lleva hacia un autoconcepto devaluado (desesperanza aprendida).

Sin embargo, a la luz de la confianza en la persona, es necesario afirmar que la agresividad, entendida como energía positiva, también puede ser puesta al servicio del crecimiento personal, de la superación de obstáculos, y de manera particular, al servicio del aprendizaje significativo. La energía de la agresividad puede activar la fe en el propio potencial.

Esta distinción parece pertinente para introducir el tema en el contexto de este capítulo, pues cuando el niño es el destinatario de algún acto de violencia, es necesario construir nuevas estrategias de acompañamiento, innovadoras, creativas y sensatas.

No parece ser lo mismo acompañar a nuestros hijos a enfrentar la ruptura de un vínculo significativo —por ejemplo, la muerte por enfermedad de un hermano, de un padre o de un compañero de escuela— que la muerte provocada por un asesinato o un suicidio.

No es igual ayudarlos a reconstruir la propia vida a partir de un accidente, que hacerlo a partir de una violación o un secuestro.

Suena difícil creer que es lo mismo trabajar para trascender a un padre o a una madre psicosocialmente ausentes, que trabajar para superar las secuelas que dejan una madre o un padre violentos que golpean por su total incapacidad de enfrentar sus propios miedos y desadaptaciones.

No parece ser lo mismo pero, en el fondo, para fines de la construcción de resiliencia, lo es.

Vemos una y otra vez a personas que se levantan a partir de hechos de violencia que son simplemente incomunicables y que aprenden a ser capaces —con mucho trabajo, con tiempo, con un acompañamiento adecuado y con un sentido trascendente claro— de resurgir poderosas y renovadas. No lo hacen a pesar de la adversidad-violencia, sino precisamente por su potencial efecto paradójico. Con sus vidas confirman existencialmente que en el límite de lo humano surge, típicamente, lo mejor de lo humano.

Vivir o haber vivido una situación violenta sin duda es una adversidad más dura, más intensa y seguramente más injusta, y por eso la violencia constituye un tipo de adversidad que requiere más acompañamiento, más comunidad, más solidaridad y mucha más paternidad/maternidad.

La respuesta inicial frente a la violencia es, pues, que a mayor adversidad debe existir mayor comunidad.

Pero ¿qué más podemos hacer para acompañar a nuestros hijos a *reconstruirse* a partir de la agresividad que degeneró en violencia?

Lo primero será desde luego atender la crisis preferentemente acercándonos a un profesional. Luego, será prudente que a nuestras tres premisas de partida: *a)* la capacidad para que la adversidad quepa en la vida, *b)* la capacidad para confiar en la propia experiencia y luego compartirla y *c)* la capacidad para estar y actuar en el presente, habrá que añadir una cuarta: *d)* la capacidad para el perdón.

A partir de ahí será posible trabajar en la reconstrucción, para lo cual más adelante trataremos de proponer una sencilla pedagogía dirigida a la resiliencia, pero por ahora es necesario añadir el perdón a nuestra lista de prerrequisitos.

Perdonar es un acto inmanente que requiere una capacidad empática sumamente evolucionada: la posibilidad de ampliar la narrativa de la ofensa. El trabajo de acompañamiento central para facilitar los procesos de perdón en nuestros hijos (y desde luego en nosotros mismos) es el de recuperar el poder personal. La esclavitud a la que nos lleva la incapacidad de perdonar es consecuencia de la cesión de nuestro poder al ofensor.

La recuperación de este poder no es una tarea sencilla. Frente a eventos traumáticos o crisis situacionales extremas, el trabajo de acompañamiento profesional (terapéutico) puede llevar incluso años (como en el caso de una violación o un asesinato), pero cuando se ha logrado la recuperación del poder personal es posible transitar hacia el perdón; no porque sea necesariamente un imperativo moral perdonar a quien nos ofendió, sino porque es un imperativo psicológico y espiritual que libera y permite seguir adelante, a pesar de la adversidad–violencia.

Mientras no perdonemos, se dice en la cultura popular mexicana, estaremos resentidos… y el *resentimiento* significa que volveremos a sentir, una y otra, y otra vez. Para eso perdonamos, para evitar revivir constantemente los sentimientos brutales ocasionados por la violencia.

El perdón, que no es olvido ni claudicación sino trabajo de recuperación de poder, permite a la persona liberarse del lastre que ha representado en su vida la ofensa, y de la inmovilidad a la que la ha llevado el resentimiento, haciendo posible que su historia personal, adversa, violenta, pueda servir de tierra firme para la resiliencia.

La violencia, como cualquier adversidad puede (casi debe) ser útil para la expansión de la conciencia humana. Nadie la ha pedido, nadie la quiere vivir, pero es un hecho cotidiano y real. Por eso mismo debemos entender qué hacer con ella y, sobre todo, enfrentar con nuestros hijos, en comunidad, el arduo camino que va desde la construcción de una postura existencial en la que quepa la violencia, hasta el liberador perdón que nos permita iniciar el recorrido para convertir la adversidad en maestra.

A continuación trataremos de proponer ideas que nos ayudarán a hacer esto, identificando las condiciones que, como bien podría decir Carl Rogers, son suficientes y necesarias para facilitar los procesos de formación de resiliencia en nuestros hijos.

5. Una pedagogía sencilla para la resiliencia

Propongo entonces una pequeña pedagogía para la resiliencia con la esperanza de que nos sea útil para formar a nuestros hijos y alumnos desde y para la adversidad.

- Hemos definido la resiliencia como la capacidad de convertir el dolor en maestro.

- Partimos de la realidad de que la vida viene dotada de luces y de sombras, que "eso es lo que hay".

- Se confirma en la realidad que todos los sentimientos son útiles y que ninguno es "bueno" o "malo"; todos tienen un propósito, y cuando éste se cumple (con trabajo), se irán.

- Si somos capaces de confiar en nuestra propia experiencia y compartirla en comunidad, podremos lograr aprendizajes realmente significativos.

- Sólo viviendo en el presente y actuando desde ahí podremos construir vida y proyecto.

- Finalmente, al identificar la violencia como un caso particular de adversidad, incorporamos la idea del perdón como elemento que permitirá liberar nuestra conciencia de un lastre biopsicosocial y espiritual que le impida crecer a partir de la sombra.

Ahora bien, ¿cómo hacemos para acompañar a nuestros hijos en la construcción de vida desde el dolor? ¿Cómo los acompañamos para ganar perdiendo?

Primero: ser maestro es ser tú mismo

Siempre ha sido muy gracioso para mí cuando una mamá o una pareja se acerca para pedirme datos de "algún buen psicólogo para su hijo", pues la mayoría de las veces es evidente que quienes necesitan ir a terapia son los papás y no el niño.

El único camino (léase bien: único) para que tu palabra sea creíble, será si tu acto es congruente. En educación sólo tenemos derecho a hablar de algo cuando lo somos, o cuando estamos en franco proceso (consciente) de convertirnos en eso que predicamos.

Facilísimo de decir; dificilísimo de lograr.

Las preguntas para el formador son duras: ¿qué tanto acepto la adversidad como parte de la vida? ¿Qué tanto confío en mi experiencia y aprendo de ella? ¿Soy capaz de compartir mi experiencia en comunidad... tengo comunidad? ¿Vivo en el presente? ¿Mi reflexión se convierte en acto de costumbre? ¿Soy capaz de perdonar?

Ser maestro es ser tú mismo, porque cuando enseñas, te enseñas (te muestras). Ser maestro es ser espejo y justo ahí radica el regalo para quien acompaña: cuando yo elijo ser congruente para poder formar acompañando, elijo también trabajar en mí, en mi desarrollo personal, en mi camino. Ser maestro es ser yo mismo, convertirme en toda la persona que puedo ser, o al menos intentarlo (debí haber escrito "estar intentándolo").

Ser maestro es ser tú mismo y, por lo tanto, ser papá/mamá es ser tu mismo.

El niño puede aprender por sí solo desde la adversidad, pero si todos los días logra verse en el espejo de su formador, y es un espejo bien pulido y bien iluminado, sin duda podrá abrirse la posibilidad de que ese aprendizaje se haga vida, porque el hábito aprendido no surge de la palabra sino de la vida: la que experimento dentro y que se confirma con la que veo fuera.

Se aprende a esquiar, esquiando, sí... Y ayuda muchísimo si tu papá se echó primero al agua y lo viste esquiar. Ayuda más, desde luego, si en el agua se cae... y se levanta.

Segundo: ser maestro es respetar sin condición

Para que el niño o el joven puedan aprender, es necesario sentir confianza y seguridad. Aquí nos enfrentamos con un problema que parece difícil de resolver: la adversidad por definición genera desconfianzas e inseguridades.

Pero para eso existimos los adultos en la vida de los niños y de los jóvenes, para regresarles la seguridad y la paz necesarias en el discernimiento-acción.

Hay muchas maneras de hacerlo; tantas como mamás o papás, maestros o guías. Javier, el papá de Pablo, eligió (en la segunda versión) una manera que podríamos resumir así: respeto incondicional-serenidad-congruencia-silencio-empatía-humor-escucha. Su punto de partida: el respeto incondicional. El producto natural del respeto: confianza y seguridad.

Quizás el signo más respetuoso en la historia de Javier con Pablo, aunque parezca extraño, es la postura corporal. Javier se "toma la molestia" de ponerse en cuclillas, se pone a la altura de lo humano, a la altura de su niño. Lo hace así tal vez recordando a Gandhi, quien nos lo enseñó en el siglo XX. Al establecer una relación de iguales (en el espacio común del dolor y de la pérdida), Javier le está diciendo a su hijo: entiendo que sientes un dolor grande, es normal que así sea, está bien que así sea, lo entiendo y te respeto. Luego, silencio, otro signo de aceptación sin condición.

Cuando respetamos profundamente las emociones que surgen de las adversidades a las que son expuestos naturalmente nuestros hijos o alumnos, estamos validándolas (es decir, les hacemos saber que está bien "sentir"), pero además estamos validándolos a ellos, pues con nuestro acto respetuoso les mostramos que, porque sienten, son valiosos.

Tercero: ser maestro es ser alumno

Finalmente, completa esta pedagogía la idea de que para lograr acompañar el proceso resiliente tengo que sentir con mi hijo o alumno.

Quizá nunca he sentido la tristeza de que me metan nueve goles en la final siendo el portero, pero sí he sentido tristeza. Quizá nunca he sentido el miedo de enfrentarme a algún compañero que me agrede en el colegio (quien, por cierto, probablemente está más asustado que mi hijo por las condiciones de desatención en su casa), pero sí he sentido miedo; quizá no recuerdo la alegría que sentía cuando mi jugador favorito metía un gol, pero sí he sentido alegría.

Para poder completar el proceso será necesario que acompañes desde tu hijo, y no (solamente) desde ti. Busca con todas tus fuerzas la posibilidad de hacer una empatía total cuando dialogues con él en medio de la adversidad. Ya antes en esta pedagogía te invité a construir un diálogo congruente y aceptante; toca ahora consolidar lo anterior con la empatía que no es otra cosa que el modo humano de amar y que muchas veces, sobre todo con los niños, no requiere palabras.

Cuando tu hijo está viviendo un dolor, acompañarlo de modo sencillo y silencioso sin duda es lo mejor que le puedes entregar de ti. Trata de mirar desde su mirada, no olvides su edad y su lenguaje; trata de construir con sus herramientas; trata de mudarte a su realidad aunque sea por unos minutos. Siéntela en el cuerpo y busca desde la compasión y la comprensión un silencio activo, sanador y redentor. Sobre todo así, desde el silencio, se iluminará tu espejo.

Entenderás que este capítulo ha sido un esfuerzo un tanto inútil, pues no es aquí donde aprenderás sobre tu capacidad de formarte y formar en la resiliencia. Ve y acompaña pues a tu hijo para que viva una vida completa: la que viene con sombra y con luz.

Es lo que hay.

*

Carlo Clerico Medina, ingeniero industrial y maestro en desarrollo humano por la Universidad Iberoamericana, cursó estudios en psicooncología, terapia Gestalt y tanatología. Conferencista sobre temas relacionados con el desarrollo humano y social, ha impartido cursos y conferencias en diez países. En 2007 publicó en España el libro *Morir en sábado*, que relata sus experiencias de acompañamiento a niños y niñas con cáncer en etapa terminal, y en 2010, *Los cuentos de Luca: un modelo de acompañamiento para niñas y niños en cuidados paliativos*, también orientado a facilitar los procesos de duelo en familias con niñ@s en la etapa final de la vida. Es titular del programa de radio *Vivir y morir en sábado* del Instituto Mexicano de la Radio, y profesor de comunicación en la maestría de desarrollo humano de la Ibero.

CAPÍTULO 4

¿Educar a los hijos duele?

Mariana Di-Bella Roldán de Somohano

Lunes 10:00 a.m. Llega al consultorio una señora alta, guapa, delgada, ojos de color, muy bien arreglada; parece modelo de televisión. Trae los codos raspados, usa sandalias y los dedos de sus pies tienen cortadas. Alcanzo a notar que sus pantorrillas también sufrieron daños. La recibo y la atiendo. Conforme va avanzando la sesión me comenta el sinnúmero de problemas que tienen ella y su esposo. Me relata el último evento violento que vivió el fin de semana pasado, en el que su esposo la arrastró por la calle... Al terminar su relato me expresa que desea que atienda a su hijo de diecisiete años, el cual no ha podido aprobar el primer semestre de preparatoria a pesar de los múltiples colegios de "gran paga" a los que ha asistido. Al terminar la sesión, acordamos día y hora para atenderlo.

Miércoles 11:30 a.m. Llega a mi consultorio el hijo de la señora. Un joven apuesto, de buen porte y buenos modales (por lo menos conmigo). Viste ropa de marca, reloj de lujo y trae una cadena de oro en el cuello. Me saluda abiertamente y se acomoda encima de los almohadones más cómodos que encuentra en la habitación.

Una vez establecida la confianza, le pregunto si vino su mamá con él y me responde que no, agregando: "Me vine en mi camioneta, porque mi moto está en el taller". Le pregunto si vino por voluntad propia o porque lo "mandaron", a lo cual me responde: "Parte y parte". Sigue su relato:

—Mira, Mariana, vine contigo porque ya ves cómo está mi mamá ahorita. Esto pasa a cada rato. Mis papás se pelean, se agreden mutuamente, y luego desvían su problema hacia mí.

—Y tú, ¿qué haces al respecto?

—A mí me vale, por eso no quería venir, pero luego pensé que probablemente puedo sacar provecho de aquí.

—¿Ah, sí? ¿Cómo?

—Si mi mamá quiere que yo venga a terapia, yo voy a venir siempre y cuando tú hagas que mi papá también venga.

—¿Y crees que tu papá quiera venir?

—No, claro que no. ¡Por eso te estoy retando! Si tú logras que mi papá venga, yo me comprometeré a venir; si no, no.

—¿Para qué crees que sería útil que tu papá viniera aquí?

—Para que se enterara de lo que yo quiero realmente. Él quiere que yo haga la prepa, que saque buenas calificaciones, que haga una carrera, que le ayude en el negocio, bla, bla, bla… Me da muchas cosas, y luego me las quita si no cumplí, aunque eso no me afecta. Si lo fastidio, acaba devolviéndomelas, o si está muy enojado o muy borracho, me grita, me insulta, me golpea, igual que a mi hermano; a él no tanto porque lo tienen muy consentido. Pero entonces yo me voy con mi mamá y la convenzo, aunque luego se pelee con mi papá.

—¿Y qué es lo que realmente quieres?

—Quiero todo lo que me da. La verdad no me estorba, aunque si me lo quitara no me importaría siempre y cuando me diera a cambio TIEMPO, o ATENCIÓN, o AMOR. Mi papá piensa que si me da dinero, me compra cosas, me quita lo que me da, y cuando lo fastidio me lo regresa, con eso estoy feliz. Tengo amigos que sí tienen papás de verdad. Los míos no lo son. Mi mamá también nos hace lo mismo que mi papá, pero ella cree que es diferente, aunque un poquito, a veces…

Doy seguimiento a la conversación y luego pregunto:

—A ver, platícame, ¿cómo son los papás de verdad?

—Pues como los de… uno de mis mejores amigos. Sus papás generalmente están en su casa; aunque los dos trabajan, por lo menos comen juntos casi diariamente; cenan juntos las más veces posibles. Los fines de semana organizan algo que hacer en familia; se hablan bien entre ellos. ¡Se ríen! Normalmente están de buen humor. En algunas ocasiones se ponen a platicar acerca de temas serios e incluso me incluyen para saber mi opinión. Conocen a los que nos juntamos con sus hijos; nos dejan hacer fiestas, pero nos ponen reglas; por ejemplo: dejar todo en su lugar y limpio como lo encontramos al llegar.

Los papás de… asisten a las juntas de la escuela desde que estábamos en kínder; fueron a todos los festivales. Nunca los he visto poniéndolo en ridículo o regañándolo enfrente de otros, y, además, yo sé que no le gritan, no le pegan, no lo castigan; sólo le hablan seriamente y le ponen límites o generan acuerdos cuando las cosas van mal. Se ve que lo quieren. Pero lo más chistoso es que mi amigo no odia a sus papás cuando le hacen ver sus errores. Es buenísima onda mi amigo, bien alivianado, y su hermano también. No se portan tan mal como yo.

—¿Tan mal como tú?

—Sí, a veces me pongo furioso y hago cosas iguales a las que critico de mis papás. Me doy cuenta de que cada día soy menos paciente. A veces me dan ganas de golpear, destruir, acabar con todo y con todos los que se me ponen enfrente. He llegado a lastimar a mi novia y a hacer muchas cosas más. ¡Y todo esto es por culpa de mis papás y de las malditas elecciones que yo hago! ¡A veces me dan ganas de desaparecerlos!… O de perdida de desaparecerme…

¿Por qué los hijos agreden a los padres?

El escenario anterior es frecuente hoy en día en el consultorio. Este caso, como muchos otros más fuertes, o menos, responden por lógica a las preguntas planteadas: ¿por qué es tan difícil establecer o restablecer la comunicación con los hijos, si es que alguna vez la hubo?, ¿por qué los hijos ignoran, exigen y/o desprecian a sus padres?, ¿por qué después de que se cree haberles dado "todo" son tan indiferentes con ellos?

Cada día llegan más niños y jóvenes a terapia, como si ésta se hubiera convertido en una clase extraescolar. Los padres llegan, los "depositan en el consultorio", evitan a toda costa involucrarse en el "problema que tiene su hijo" (como si sólo fuera de él), lo dejan por una hora "para aprovechar el tiempo", y se van. Creen que al hacer esto ya hicieron todo lo que estaba de su parte.

Niños y jóvenes con anorexia, con bulimia, con depresión, con problemas de hiperactividad y déficit de atención, con problemas de conducta, con autolesiones, etcétera, condicionados por parte de la escuela a tomar atención psicológica o terapéutica, son los que nos visitan, sólo por mencionar algunos casos.

Padres solteros, casados, separados, divorciados, o vueltos a "juntar" o a casar, de familias típicas, monoparentales, recompuestas, o de las que quieran o como les quieran llamar y del tipo que sean, siempre preguntan lo mismo: "¿Qué he hecho mal si sólo he pretendido quererlo?"

Y yo me pregunto: ¿qué pasaría si el escenario mencionado se convirtiera en algo más trágico, como muchos otros casos que ocurren en nuestro país, donde el joven eligiera suicidarse (desaparecerse) o agredir a sus padres (desaparecerlos), como él lo expresa? ¿Qué nos preguntaríamos ahora?

Pienso que la incompetencia como padres nos da los resultados que tenemos hoy. Y siento la necesidad, como mis otros amigos que hacen sus aportaciones en este libro, de invitarlos a que reflexionemos y tomemos acciones distintas dentro de nuestros hogares, en lugar de jugar a la ruleta rusa.

Hijos ignorados, agredidos, confundidos, rechazados, invalidados, carentes de contacto emocional ruegan por un poco de amor, tiempo y atención, buscan de diversas maneras lo mencionado hasta que, a veces, al no poder conseguir nada, llegan a un grado extremo de agresión o muerte aplicada hacia sí mismos o hacia su progenitores.

¿POR QUÉ LOS HIJOS MATAN A LOS PADRES?

Sé que esta pregunta es muy fuerte. Por eso necesitamos reflexionarla, ya que no en todos los casos, pero sí en muchos a últimas fechas, los hijos agredidos por sus padres también agreden.

Cuando todo lo nocivo es demasiado, y el maltrato a los hijos (no solamente físico) se vuelve una constante, a veces ellos toman decisiones conscientes o no, muy impactantes.

Desgraciadamente estamos acostumbrados a las noticias de violencia, de *bullying* y de asesinatos, pero cuando es un niño o un joven quien ha cometido el asesinato, verdaderamente nos asustamos. Ante una noticia de este tipo resulta más fácil señalar responsables de su crueldad a la televisión, a sus amigos mayores, a las acciones adultas, entre otros, pero la pregunta no deja de taladrarnos la cabeza.

La respuesta varía dependiendo del tipo de caso pero, en cualquiera de ellos, siempre interviene una serie de factores neurológicos, psicológicos, familiares, socioculturales, e incluso económicos y políticos, interactuando, teniendo unos factores mayor participación que otros, según el caso.

Una persona lastimada, lastima; por lo tanto, los niños maltratados se convierten en personas violentas y, tarde o temprano, manifestarán esa violencia.

Se han realizado estudios por diversos expertos que denotan que para que un niño mate, tiene que haber una vulnerabilidad, ya sea de tipo biológico o psicológico, innato o por una alteración cerebral, que haya afectado los mecanismos que regulan la conducta, sobre todo en lo que respecta al control de los impulsos y las emociones.

A la hora de saber qué tan rescatable es un niño asesino, según algunas investigaciones, los que sufrieron únicamente por causa de factores externos ambientales y educativos tienen más posibilidades de recuperación; en cambio, los que sufrieron por factores internos, de temperamento o de personalidad, no tienen buen pronóstico. Ahora, si el niño presenta rasgos que en un adulto serían considerados de psicopatía, como insensibilidad o falta de arrepentimiento, el pronóstico es peor aún.

El individuo con personalidad psicopática se conduce manipulando y buscando siempre su conveniencia, pero puede llegar a darse cuenta de que hay unos límites que no deberá sobrepasar.

Un niño con tendencias psicopáticas no necesariamente se convertirá en un criminal, pero por lógica es mucho más propenso era eso que un niño sin esas tendencias en ese mismo entorno y bajo los mismos factores.

Los factores externos —ambientales y de educación— influyen en un niño que delinque violentamente o mata; en general ha sido o fue víctima de abandono, de maltrato, de carencias emocionales y, usualmente, de pobreza o de riqueza extrema.

Algunos psicólogos expresan que, cuando el niño mata con saña, está manifestando con esa acción un deseo inconsciente de destruir la imagen que tiene de sí mismo, buscando de esta forma librarse del sentimiento que tiene de ser una víctima o un culpable. O bien, cuando un niño es humillado, por ejemplo, es posible que se dispare en él un mecanismo psíquico que lo lleva a ver en los demás la causa de todos sus trastornos. Esto provoca que se acumulen deseos de venganza, aumentando la probabilidad de que el niño busque hacer daño o dañarse, ya que eso equivaldría a atacar la fuente de sufrimiento y dolor emocional que siempre es más grande que el físico.

Si no existe una tendencia psicopática pero aun así el niño termina delinquiendo con violencia, lo que pudo haber ocurrido es que las condiciones del entorno han sido tan fuertes que lo han afectado y de cierta forma han modificado estructuras cerebrales ligadas a lo que determina la presencia o la ausencia de la tendencia al crimen.

Algunos estudios clínicos y científicos muestran que los "niños maltratados de manera sistemática tienen la amígdala (que forma parte del cerebro) en cierto porcentaje más reducida", y la amígdala es la sede de todas las emociones. (Ya hablaré de ello más adelante.)

Según dicen algunos psicólogos, especialistas en estos casos, los rasgos temperamentales que más podrían favorecer la aparición de la violencia en el niño son la dureza emocional, la impulsividad y la ausencia de miedo.

¿QUÉ PASA CON LA EDUCACIÓN DEL NIÑO?

El hecho de que el niño tome el camino hacia la criminalidad o no, dependerá que logre interiorizar ciertos límites y determinados valores. Si un niño se porta de manera violenta y tiene comportamientos antisociales, es probable que hayan fallado los modelos más importantes: los padres, ya sea porque sus conductas son tóxicas o nocivas y sus hijos las aprendieron de ellos, o porque han estado ausentes total o parcialmente, dejando así a los hijos mucho más expuestos a la violencia que aprenden en la televisión, en la escuela y en la calle.

El poder de la educación es enorme; es capaz de evitar que un niño con tendencias psicopáticas se convierta en un criminal, o es capaz de fomentar que un niño que no tenga dichas tendencias llegue a albergar tanto odio en su corazón que termine también haciéndolo.

La pregunta es: ¿cómo estamos educando a nuestros hijos?

Como lo mencioné antes, según algunas investigaciones, lo que favorece la aparición de la violencia son los siguientes aspectos:

- *La dureza emocional.* Compuesta de falta de contacto, rechazo, indiferencia hacia los demás, insensibilidad o falta de empatía, crueldad y frialdad extremos. Como un mecanismo de protección, la dureza emocional sirve al niño o al joven para irse "capeando como cebollita": se va poniendo protección tras protección para no sentir el dolor ni el malestar, defendiéndose así de su entorno que puede ser tan extremo como: padres que golpean, insultan y agreden, hasta padres que jamás lo hacen pero son fríos, distantes e indiferentes. Dependiendo de la estructura familiar —por ejemplo, número de hermanos y relación entre ellos—, se repetirá o no el patrón de conducta. En el mejor de los casos, se romperá el esquema para contrarrestar la falta de afecto, contacto y empatía, proporcionándoselo entre los hermanos.

- *La impulsividad*. Compuesta de falta o ausencia de límites y valores. Donde los padres educan de acuerdo con su estado de ánimo y no con una congruencia lógica y sentido común. Provocan en sus hijos confusión y falta de sentido. Como dijo una amiga mía en son de broma: ¡si hoy estoy de buenas te dejo brincar en el sillón; pero si mañana estoy de malas, te bajo de un "desgreñón"!

- *La ausencia de miedo*. Ésta es muy peligrosa, ya que está compuesta por una reacción contraria al estado emocional que produce el miedo. Tristemente he escuchado a padres decir: "A estos hijos ya nada los asusta; por más que los insulto, los golpeo, o les grito, ni se inmutan…" La ausencia del miedo queda habilitada, en el niño o en el joven, como medio de defensa o protección que necesita para no sufrir más, quedando ante las agresiones, con el paso del tiempo, sin la sombra del impacto que éstas le causaban al principio. Tarde o temprano, al repetir el patrón de conducta de sus padres, agredirá sin remordimiento ni toma de conciencia.

LAS EMOCIONES Y EL CEREBRO

Joseph LeDoux, un neurocientífico de la Universidad de Nueva York, fue el primero en descubrir el importante papel que desempeña la amígdala en el cerebro emocional.

La investigación llevada a cabo por LeDoux explica la forma en que la amígdala asume el control cuando el cerebro pensante, el neocórtex, todavía no ha llegado a tomar ninguna decisión.

LeDoux afirma que de alguna manera nosotros somos nuestras emociones, y que todas nuestras vivencias involucran emociones; por eso es importante entender cómo funcionan en nuestro interior estas pasiones (como las llamaban los antiguos griegos).

Ante la pregunta: ¿por qué el miedo es particularmente relevante? LeDoux responde:

Cualquier otra emoción, excepto el miedo, es relativamente posible posponerla hasta su momento apropiado, pero uno nunca puede posponer una situación en la que está en peligro. Debes responder al miedo inmediatamente o no habrá otra cosa a la cual responder. Entonces el miedo siempre será más importante en relación con otras emociones. Si bien el miedo es la emoción dominante, alguna otra emoción puede venir en su lugar y pasar a ser primordial de vez en cuando.[1]

En cuanto a cómo influyen las emociones en la toma de decisiones, LeDoux explica:

La toma de decisiones es un tema complicado. Tomamos algunas decisiones a través de pensamientos racionales, evaluamos todas

---

[1] Joseph LeDoux. *El cerebro emocional*, Ariel-Planeta, Barcelona, 1999.

las consecuencias pero muchas veces tomamos decisiones de manera inconsciente y nuestro cerebro toma decisiones por nosotros y las emociones también contribuyen. Entonces podemos decidir comportarnos de determinada manera, no porque hayamos decidido que eso era lo mejor, sino porque somos empujados a esa dirección por otros incentivos o estímulos emocionales, que funcionan de manera inconsciente y preparan al cerebro en un estado en el que las prioridades son alteradas por las emociones que emergen. Entonces una de las cosas que la emoción y la motivación hacen, es cambiar las prioridades en el cerebro. Pueden subir el umbral para algunas prioridades y bajarlo para otras.[2]

La relación entre las emociones y la memoria es un concepto muy estudiado por LeDoux, quien declara que en la ciencia moderna se piensa en la memoria como un conjunto de sistemas que están en el cerebro, y por lo tanto hay diferentes sistemas para nuestra memoria cognitiva, para nuestra memoria emocional y para nuestra memoria sobre los movimientos motores.

Hay diferentes sistemas de memoria para los diversos tipos de memoria. La memoria emocional funciona inconscientemente, involucra una parte diferente del cerebro llamada amígdala y se dispara inconsciente, pero, simultáneamente, y trabaja con la memoria cognitiva. El neurólogo pone el siguiente ejemplo:

Usted está manejando por la calle y tiene un accidente. Está sonando fuertemente el sonido del claxon que se atascó durante el accidente. Siente dolor, está sangrando y las cosas realmente están mal. Y luego, dos o tres días después, puede ser que escuche el sonido de un claxon en la calle. Entonces ese sonido irá a su hipocampo y le recordará el

---

[2] *Idem.*

accidente, adónde estaba yendo, con quién estaba, qué estaba haciendo y todos los detalles fácticos. Al mismo tiempo, irá a su amígdala y
disparará una respuesta emocional fuera de ella, y la respuesta emocional activada modulará o aumentará la percepción de la memoria
cognitiva. Entonces estos dos sistemas interactúan: uno guardando
hechos y el otro guardando consecuencias emocionales cuando los
dos se reactivan al mismo tiempo por el mismo estímulo. Por lo tanto, el sistema emocional aumenta el proceso del otro. Pero incluso
durante la experiencia inicial, la intensidad de la conducta emocional va a fortalecer ese recuerdo. Entonces usted tendrá una memoria
más fuerte del accidente de la que hubiera tenido de ese lugar si no
hubiese tenido un accidente.

Una cosa que hacen las emociones es aumentar o facilitar el
almacenamiento de un recuerdo en la memoria cognitiva. La
pregunta sería: ¿qué recuerdos tienen nuestros hijos de nosotros?

En el laboratorio donde experimenta el doctor LeDoux han
estado intentando debilitar las respuestas emocionales a la memoria. No están pretendiendo borrar los recuerdos de la memoria
cognitiva, sino atemperar o debilitar el componente emocional del
recuerdo; sin embargo, ésta no es la solución que buscamos.

¿SE PUEDEN CULTIVAR EMOCIONES POSITIVAS EN NUESTROS HIJOS?

Antonio Damasio, médico neurólogo de origen portugués, habla al
respecto de las emociones y expresa que pueden ser tan variadas como
los colores o los sabores:"hay emociones agradables y desagradables".[3]

[3] *Revista Interuniversitaria de Formación del Profesorado*, 19(3), 2005, 27-43 pp.

Damasio afirma que:

una buena educación radica en organizar nuestras emociones de manera que podamos cultivar las mejores, porque como seres humanos tenemos ambos tipos. Los seres humanos tenemos capacidades positivas y fantásticas, pero también somos capaces de hacer cosas terribles; somos capaces de torturar a otra gente, de matarla, etcétera. Todo esto es inherente al ser humano, no es que algunos de nosotros seamos buenas personas y otros malas personas. Tenemos ambas cosas, por eso el propósito de una buena educación y el papel de una sociedad próspera es permitir que se cultive lo mejor y no lo peor de la naturaleza humana.

Para lograr cultivar lo mejor de nosotros, deberemos partir de lo que hemos mencionado en este capítulo, con la finalidad de tomar plena conciencia de lo que NO queremos en México ni en el mundo. Definitivamente, no queremos vivir el tipo de escenarios y sus consecuencias señalados; por lo tanto, me atrevo a proponer una forma de educar distinta a la que hemos venido practicando últimamente en nuestra sociedad. Si en realidad queremos cosechar buenos frutos, necesitaremos poner buenas semillas, y así como mis amigos han expresado en este libro sus diversas aportaciones, los invito a *reconocer* las siguientes: ¿cómo sembrar la semilla del esfuerzo en casa?, ¿cómo convertir las "obligaciones" en algo placentero?, ¿cómo educar hijos responsables y comprometidos?, ¿cómo comunicarte con tus hijos desde la firmeza y el amor y no desde el autoritarismo y la imposición, sin perder el equilibrio y confundir los términos?, ¿cómo establecer libertad con límites?, ¿cómo erradicar la falsa idea de lo desechable?, ¿cómo enseñar a tus hijos a valorarse y a valorar? Y entonces entre ustedes y yo podremos contestar honestamente si educar a los hijos duele o no.

LA SEMILLA DEL ESFUERZO

¿Cómo sembrar la semilla del esfuerzo en casa? "Lo que no te cuesta no lo valoras."

En el consultorio hemos escuchado miles de situaciones. Por ejemplo, los padres que se quejan y los padres que sobreprotegen, y llegamos a la conclusión de que cojean del mismo pie. Los argumentos son los siguientes:

a) "Mis hijos no me ayudan en nada, dejan todo tirado, no son capaces de colaborar jamás, ¡son unos flojonazos!"

b) "En casa tenemos quién nos ayude, no hace falta molestarlos, ellos tienen una sola obligación: ¡estudiar!… Aunque, a decir verdad, acaban de reprobar."

El día a día en la educación de los hijos

Los padres nos esforzamos por conseguir recursos económicos para cubrir las necesidades básicas de nuestra familia, y somos quienes organizamos todas las labores domésticas que hagan la vida lo más agradable y confortable posible. En una familia, todos necesitan comer, descansar, estudiar o trabajar, convivir, etcétera. Estas actividades en lo cotidiano se llevan a cabo bajo un mismo techo llamado hogar, ¡no hotel! Si queremos educar correctamente tenemos una gran oportunidad de hacerlo día a día aprovechando las labores del hogar, ya que éstas ayudarán a formar una personalidad sana en nuestros hijos convirtiéndolos en personas firmes, decididas, alegres, seguras de sí mismas, autónomas, responsables, generosas, llenas de valores humanos; individuos que, además, se esfuercen en el estudio y lleguen a ser personas de bien que sepan vivir en libertad con responsabilidad.

¡Manos a la obra! Lo podrán lograr sin amenazas, sin gritos, ni insultos; sólo con palabras, ejemplos y acciones concretas, si aplican la siguiente fórmula:

LO COTIDIANO + LA COLABORACIÓN + EL DESEMPEÑO DE LABORES + HORARIOS DELIMITADOS = DESARROLLO BIEN ENCAUZADO DE LA PERSONALIDAD A TRAVÉS DEL ESFUERZO.

Sé que esto que escribo NO es descubrir el hilo negro. De hecho, sé que si sólo lo leen y no lo ponen en práctica no servirá de nada; serán como esos padres de familia que reciben innumerables invitaciones para asistir a talleres sobre "cómo educar a sus hijos" y simplemente declinan la invitación, o asisten y no aplican lo que aprenden, o creen que son tonterías para sacarles dinero. Incluso he llegado a escuchar los siguientes comentarios: "¿Y de cuándo acá los padres se tienen que preparar para poder educar? ¿Acaso hay reglas infalibles?" ¡No, no las hay! Sin embargo, al tener la humildad de reconocer que no somos perfectos y que nuestra sociedad está cada vez más en decadencia, por lo menos nos debería interesar estar informados acerca de cómo podemos mejorar nuestra forma de educar y aplicar lo que consideremos apropiado.

Por lo tanto, para potenciar el esfuerzo comiencen por tener en mente lo siguiente: "No hagan por los hijos lo que puedan hacer ellos solos". Vestirse y asearse solos, limpiar sus zapatos, poner la ropa sucia en el bote, tender su cama, ventilar la habitación, dejar limpio el baño, tender su toalla, ordenar su mesa de trabajo y su clóset; guardar la ropa recién lavada y planchada, sacar la basura, barrer, sacudir, trapear, poner la mesa y recogerla; servir alimentos, lavar y guardar platos, hacer o ayudar a preparar alimentos, ayudar a lavar el automóvil, dar de comer al perro, barrer el patio; cumplir con sus horarios de estudio, alimentación y descanso o ¡simplemente contestar el teléfono y tomar un recado!, son sólo algunas de las múltiples labores que hay que realizar día a día en el hogar y que pueden enseñar a sus hijos a realizar paulatinamente según su edad; ¡independientemente de tener personal de asistencia en casa o no!

Si nuestra misión como padres es preparar amorosamente a nuestros hijos para que vivan su propia vida sana y felizmente, por su propio bien habrá que enseñarles a cumplir bien esas tareas.

Un hogar en el que los padres y los hijos participan formando un equipo genera, además, buena disposición en su desempeño académico, que conlleva esfuerzo y responsabilidad. Tendrán una actitud positiva con maestros y compañeros. Está comprobado que hijos que adquieren hábitos para realizar sus tareas cumplen con sus obligaciones sin tener que andar detrás de ellos, no presentan graves conflictos en la adolescencia, son más autodependientes, además de que son más sensibles hacia las necesidades de los demás.

Nunca es tarde para empezar, aun cuando sus hijos ya estén cursando preparatoria o universidad, o bien ya trabajen y vivan con ustedes, se pueden formar a través de esta propuesta. Claro, necesitarán empezar por poner LÍMITES.

El trabajo de la casa nunca se acaba, e independientemente de que tengan en quién delegar todas las labores del hogar, siempre habrá que limpiar la casa, planchar, realizar la compra, comer… Involucremos a nuestros hijos en todas estas actividades.

Para aterrizar la propuesta, convoquen a una junta familiar y planteenles esta nueva estrategia de trabajo en equipo. Probablemente habrá protestas. Por lo tanto, deberán aplicar herramientas de comunicación efectiva, comenzando por escuchar y validar. Posteriormente, fortalezcan sus argumentos, haciéndoles ver su beneficio; también deberán hacer uso de su firmeza y de su amor.

(Nota importante: esta propuesta quedará mucho mejor establecida si ambos padres, en caso de haberlos, están en completo acuerdo.)

REALICEN UNA LISTA DE ACTIVIDADES DEL HOGAR + REPÁRTANLA POR DÍAS DE LA SEMANA + DISTRI-BÚYANLA ENTRE LOS MIEMBROS DE LA FAMILIA DE MANERA EQUITATIVA Y ACORDE CON LAS EDADES + PARTICIPEN Y SUPERVISEN = EDUCAR A TRAVÉS DEL ESFUERZO.

Recuerden que nada es "miel sobre hojuelas". Estos cambios requerirán de su propio esfuerzo para no claudicar al implementar la propuesta. Seguramente habrá discusiones e inconformidades que tendrán que resolver con cariño y paciencia, pero los resultados no tardarán en notarse. Todos los miembros de la familia se sentirán más integrados. Sentirán la exigencia pero también los frutos que ésta genera, siendo cada vez más conscientes del valor de su esfuerzo.

La coherencia es importante y sus hijos la deben ver en ustedes. Por lo tanto, tendrán que ser los primeros en esforzarse al implementar lo aquí propuesto.

A veces somos los propios padres los que evadimos enseñarles a hacer las cosas a nuestros hijos, porque: "Si yo las hago, las hago más rápido, hijito", o "Tú no sabes hacerlo, a ver déjame hacerlo a mí"… Nos imaginamos el "doble trabajo" que implicará decirles cómo hacerlo y, por lo tanto, mejor los dejamos de lado. Pero si queremos que aprendan, debemos tener paciencia para enseñarles.

Un caso típico es cuando se derrama el agua en la mesa: no falta el progenitor histérico que comienza a gritar: "¡Eres un idiota! ¡Inútil! ¡Siempre haces lo mismo! ¡Lárgate de aquí! ¡Yo ahorita mismo limpio! ¡Carajo!"…

¿Y luego queremos que tengan buena autoestima y seguridad en sí mismos?

Este mismo escenario podría ser así: "Se derramó el agua. Por favor trae el trapo de la cocina. Comienza a secar poco a poco.

Tú puedes hacerlo bien. ¡Gracias!" Y dejar que la escena transcurra. Independientemente de que su hijo no sepa exprimir el trapo, pueden enseñarle cómo, mas no lo hagan por él, ni corrijan sus intentos cuando los está viendo. Les puedo asegurar que llegará el momento en que él podrá hacerlo solo sin mayor desgaste ni problema.

Sin duda, sus hijos se los agradecerán más adelante. Si no, tristemente lo lamentarán, porque los únicos que pagarán las consecuencias de su incompetencia para educar serán ellos. Recuerden que no les durarán toda la vida.

¿Cómo convertir las «obligaciones» en algo placentero?

La alegría en el hogar es un ingrediente básico que hay que agregar. Cuando vemos las obligaciones como una carga, se convierten en una pesadilla. Cuando las obligaciones las vemos como un gusto, se convierten en un deleite. ¿Encontramos placer en lo que hacemos? Probablemente en algunas cosas sí y en otras no; por lo tanto, en las que NO lo encontramos habrá que agregar el ingrediente.

La alegría puede surgir al dejar de ver la obligación como una exigencia y verla como una actividad inherente al buen vivir.

Comencemos por pensar en cambiar las frases "tengo" o "debo" a "¡quiero!"; al hacer esto, inmediatamente se transforma la línea de pensamiento, y como de un pensamiento se genera un sentimiento y de éste una acción, ya avanzamos un tramo del camino.

Continuemos con la técnica de "Como si…"; imaginemos que la actividad o la labor que estamos realizando es la que más nos fascina hacer, por ejemplo: "Como si lavar los trastes fuera lo máximo", y avanzaremos otro poco.

Sigamos la actividad por realizar ambientando el espacio. Podemos poner música que active nuestra energía y acabaremos en menos que canta un gallo.

Determinemos un aliciente al finalizar la labor.

Una vez que tengamos dominado todo esto en nosotros, mostrémoselos a nuestros hijos en lugar de quejarnos. Entonces ellos aprenderán a disfrutar sus obligaciones: "Como si hacer la tarea fuera lo máximo", "Como si fueran los más aplicados del salón", "Como si fueran los más ordenados"...

¿Cómo educar hijos responsables y comprometidos?

En una ocasión me visitó un señor en el consultorio. Me comentó lo preocupado que se sentía al ver a su hijo de veinte años de edad sin motivación. Ya no había querido seguir estudiando sin razón aparente, y pasaba todo el día en casa. Al platicar descubrí que el joven no tenía ninguna labor asignada en específico: "Se levantaba y se desocupaba"; el papá, para mantenerlo entretenido, eventualmente lo mandaba a cobrar algunas rentas, hacer algunos depósitos al banco, conseguir algún material de construcción... Tres o cuatro actividades poco significativas y nada más.

Era tal la desesperación del papá que quería una "fórmula mágica e instantánea" para saber cómo ayudar a su hijo a salir de ese letargo. Confesó que los miedos internos de dejarlo volar lo avasallaban, ya que su madre y él siempre lo habían protegido, y al verlo tan indiferente ante la vida, se sentían más timoratos. Al preguntarle si había platicado con su hijo acerca de todo esto me dijo:

—Sí, ¡pero está loco!, quiere irse al rancho, a criar vacas y novillos. No entiende que ese trabajo es desgastante. Yo ya estuve ahí durante muchos años porque mi padre me obligó a hacerlo y acabé harto. Le digo que se venga conmigo al ramo de la construcción, pero no quiere. ¡Yo aquí tengo todo lo que necesita y además me hace falta un brazo derecho!… Y, por si fuera poco, el rancho está muy lejos de aquí.

Al escuchar su respuesta me animé a preguntarle:

—¿Y qué hiciste para soltarte del yugo de tu padre?

—¡Pues rebelarme! Me harté y me fui sin decir adiós. No me gustó hacerlo así, de hecho me dolió, pero mi padre nunca quiso escucharme, ni apoyarme en lo que yo quería hacer. Por eso arranqué de cero e hice lo que yo quería. Y ahora mírame: ¡soy un hombre de éxito!, pero no puedo lograr que mi hijo lo sea… ¿Cuándo va a madurar?

El primer pensamiento que vino a mi mente al atender a este señor fue: "¡Ojalá ese chamaco se rebelara por su propio bien!"; sin embargo, ni para eso nos alcanzaba la situación, ya que sus padres, con sus propios miedos, habían asegurado una zona de confort absoluta para que él, lejos de caer en una rebeldía, cayera en depresión.

Ya se podrán imaginar que para poder resolver este asunto y encontrar la fórmula mágica no hace falta más que escucharse a sí mismo, mirarse en el espejo, dejar de seguir un patrón de conducta aprendido y ver más allá de uno mismo.

Dos padres con pies de barro y un hijo truncado ante sus crecientes sueños dificultan cualquier construcción de una persona íntegra, responsable y comprometida. (Ya retomaré este caso en el apartado acerca de la comunicación en este mismo capítulo.)

¿Queremos hijos maduros, responsables y comprometidos? Primero quisiera compartirles mis propias definiciones:

- La madurez no te la da la edad, sino el cúmulo de herramientas que tengas para hacerle frente a la vida.
- La responsabilidad es la capacidad de responder ante tus actos.
- El compromiso es cumplir una promesa que te haces a ti mismo y, en su caso, puedes compartir con otro.

Por lo tanto, para que sus hijos logren cierto grado de MADUREZ necesitan permitirles que se descubran a sí mismos, enseñarles a reconocer cuáles son sus cualidades, sus fortalezas y sus virtudes, y cuáles sus debilidades y sus áreas de oportunidad y de mejora. Invítenlos a asimilar sus errores, no machacándoselos, sino cuestionándolos acerca de lo que aprendieron de ellos.

Para que adquieran RESPONSABILIDAD, además de lo que ya he mencionado en este capítulo, deberán brindarles cuantas posibilidades sean viables de probarse a sí mismos, de desafiarse a sí mismos, de arriesgarse por un bien personal o común. ¡Déjenlos que se equivoquen!, ¡que vivan sus propias experiencias, que asuman las consecuencias de sus elecciones!

Para que adquieran un COMPROMISO, en primera instancia consigo mismos, déjenlos soñar, invítenlos a visualizarse y enséñenlos a ponerse en acción… Así irán obteniendo su propia caja de herramientas para hacerle frente a la vida.

La pregunta es: ¿Ustedes ya tienen estos tres conceptos trabajados en ustedes mismos? ¿Saben quiénes son? ¿A dónde van?¿Con quién? Si no lo saben, ¡pónganse a trabajar!, ¡esfuércense por lograrlo!

La manera más fácil de implementar en sus hijos estos tres conceptos será: la CONGRUENCIA, esto es, que lo que piensen, lo que sientan, lo que digan y lo que hagan, ¡vayan de la mano!, así podrán platicar con sus hijos de su persona, en lugar de decirles a ellos qué es lo que deberían hacer y ustedes no hacen.

¿Cómo comunicarnos con nuestros hijos desde la firmeza y el amor, y no desde el autoritarismo y la imposición, sin perder el equilibrio y confundir los términos?

Abarcar este tema en un solo capítulo, o sólo una parte del mismo, resultaría sumamente extenso. Por lo tanto, lo haré de manera práctica. Daré continuidad al caso anterior y lo dividiré en dos escenarios distintos…

Primer escenario

Imaginen el diálogo repetitivo entre un hombre y su hijo.

El hijo entra al cuarto de la televisión y su papá aprovecha el intermedio del partido de futbol para decirle:

—Verdaderamente no te entiendo. No haces nada en todo el día. ¡Parece que te corre atole por las venas! ¿Qué va a ser de tu vida?

—¿Qué caso tiene que te lo diga? ¡Te he dicho muchas veces lo que quiero, pero no me escuchas!

—¿Irte al rancho a criar vacas y novillos? ¡Estás loco! ¿Acaso no entiendes que ese trabajo es desgastante? Yo ya estuve ahí durante muchos años porque mi padre me obligó a hacerlo y acabé harto. ¡Eres más terco que tu madre! Te he dicho mil veces que te vengas conmigo al ramo de la construcción, pero no quieres. ¡Allá tú! ¡Yo aquí tengo todo lo que necesitas! ¡Qué daría yo por que fueras mi brazo derecho! Pero eres un mal agradecido. Ni siquiera acabaste tu carrera de arquitectura… ¡Tan bien que nos hubiera ido en eso! Nunca puedes darme gusto… ¡Al rancho!… ¡Al rancho! Ni que estuviera aquí a la vuelta.

—Tienes razón, nunca te doy gusto.

El hijo se da media vuelta y se va. Fin de la conversación.

Segundo escenario

El mismo diálogo anterior, pero en esta ocasión con las HERRA-MIENTAS DE COMUNICACIÓN EFECTIVA, aprendidas en el consultorio.

El hombre invita a su hijo a tomar un café. Se sientan frente a frente. Hacen contacto visual y le dice:

—Gracias por aceptar mi invitación a tomar un café. Me gustaría decirte algo importante para mí, ¿me permites hacerlo?

—Sí, adelante.

—Pienso que no te he escuchado con atención cuando te pregunto qué quieres hacer con tu vida. Me siento mortificado. Me parece que no te sientes feliz, ni realizado. Me gustaría que volvieras a platicarme qué deseas, o cuáles son tus sueños, y poner atención en lo que me digas. ¡Prometo guardar silencio!

—Quiero trabajar en el rancho. Aprender a criar vacas y novillos. No me importa qué tan difícil ni desgastante pueda ser. Quiero tener cosas que hacer, estar ocupado en algo que me interese conocer. Me quiero esforzar, saber qué se siente ganarme mi propio dinero, saber que me lo gané con el sudor de mi frente, estar consciente de que nadie me lo regaló. Quiero independizarme, tomar mis propias decisiones, que me dejen de decir lo que debo o no debo hacer. ¡Eso es lo que quiero!

—Escucho que me dices que quieres… [el papá repite literalmente lo que escuchó de su hijo y le pregunta si se sintió escuchado].

—Sí, eso fue lo que dije.

—¿Ya has pensado que el rancho está demasiado lejos?

—Sí, lo sé, y eso lo hace aún más atractivo para mí. No es que no quiera estar con ustedes; es que quiero crecer y vivir mi propia vida. Sé que esto les duele a mi mamá y a ti, y por eso me he quedado, pero si quieres saber la verdad: ¡estoy harto!

—¿Escucho que me dices que estás harto?

—Harto de que me sobreprotejan, de que todo me lo resuelvan. No me siento motivado, ni con ganas de hacer nada porque lo que me pides hacer cualquiera lo haría.

—Y, entonces, ¿cómo te sentirías motivado?

—Yéndome de aquí, probándome a mí mismo que sí puedo.

—¿Cuándo y cómo?

—¿Cuándo? Mañana mismo de ser posible. ¿Cómo?, ¡en camión! Cualquiera llega hasta allá.

—¿Ya lo pensaste bien? ¿Y si no te gusta?

—Sí, papá, ya lo pensé mil veces, y no puedo saber si me gustará o no hasta vivirlo. En caso de que no me gustara, seguramente sabré qué otra cosa hacer.

—¿Entonces qué hay que hacer?

—Ustedes, nada. Gracias, de verdad gracias. Déjenme hacerlo a mí solo.

—Entiendo, hijo. Gracias por esta conversación.

En este último escenario se pueden aprender varias herramientas de comunicación efectiva. Sólo necesitamos observar los puntos básicos que se deben utilizar:

1) Solicitar un momento para comunicarse con la persona indicada (diálogo de comunicación efectiva).

2) Buscar un tiempo, un lugar y un espacio apropiados para el diálogo.

3) Asumir posturas corporales similares, frente a frente.

4) Establecer contacto visual.

5) Agradecer la atención a la invitación al diálogo.

6) Pedir permiso para expresar lo que PENSAMOS, SENTIMOS, y NECESITAMOS (DESEAMOS O NOS GUSTARÍA).

7) Procurar silencio total para escuchar. Absoluta disposición para ponernos en los zapatos del otro y entrar en su mundo.

8) Confirmar el mensaje recibido. "Escucho que me dices que..."

9) Formular preguntas concretas y específicas relacionadas con el contexto de lo expresado con anterioridad por el interlocutor, en lugar de sermones e interpretaciones.

10) Hacer la pregunta clave para cerrar un acuerdo: ¿entonces qué?

11) Agradecer el momento vivido.

¿CÓMO ESTABLECER LIBERTAD CON LÍMITES?

Es común escuchar a padres de familia diciendo: "Mis hijos no obedecen". Establecer libertad con límites es otro reto que amerita esfuerzo de nuestra parte. Siempre el equilibrio será nuestro mejor aliado; por lo tanto, si nos consideramos unos padres autoritarios, o bien unos padres "alfombra", comencemos por establecer un punto medio en nuestra forma de educar. Esto se logra con FIRMEZA y AMOR, y a través de una comunicación efectiva, parecida al punto anterior.

Utilizaré el típico escenario del "permiso para ir a una fiesta".

Escenario habitual

—Sí tienes permiso de ir a la fiesta, pero con la condición de que estés aquí a la 1:30 a.m. ¡Ni un minuto más tarde!

Dan la 1:30 a.m., y el hijo, ni sus luces. Los padres histéricos marcan al celular sin obtener respuesta. El joven aparece a las 2:25 a.m., tan quitado de la pena como si nada hubiera pasado. Ante los gritos de sus progenitores argumenta haberse quedado "sin pila", y además se ofende porque no encuentra razón alguna de su molestia. "Ni que fuera para tanto", dice entre dientes, mientras sus padres le advierten que estará castigado durante los siguientes tres meses, situación que es por demás irrisoria para el chico porque sabe que no lo van a cumplir.

Escenario de libertad con límites

—Sí tienes permiso de ir a la fiesta. ¿A qué hora te comprometes a llegar aquí?
    —¡A las 2:00 a.m.!
    —Es demasiado tarde. ¿Te parece bien a las 12:30?
    —¡No, cómo creen; apenas a esa hora empieza lo bueno!
    —¿A qué hora consideras prudente?
    —A la 1:30.
    —¿Entonces a qué hora te comprometes a llegar?
    —A la 1:30 a.m.

Y con este caso pueden suceder dos cosas: que sí llegue puntual, y por lo tanto habrá que hacerle un comentario positivo por su conducta para reforzarla, o que no llegue puntual, y al día siguiente se establezca un "diálogo de comunicación efectiva", en el que determinen la "consecuencia lógica" de su falta de compromiso.

Si estamos hablando de una consecuencia lógica, ésta debe estar relacionada con la falta cometida, por eso NO es castigo (que además, desde mi punto de vista, no sirve para nada), y por lo tanto el horario de llegada a casa al salir a la siguiente fiesta será aún más reducido, hasta que el chico aprenda a cumplir con el horario al que él mismo se está comprometiendo después de la concebida negociación y acuerdo.

¿Cómo erradicar la falsa idea de lo desechable?

"Y a veces hasta lo que te cuesta no lo valoras."

En esta nueva era en la que a veces un aparato electrónico se descompone y resulta más barato comprar otro nuevo que pagar la refacción del mismo, se ha extendido esta forma de resolver situaciones en todos los ámbitos, al grado de llegar a creer que "todo puede ser desechable". Difícilmente llevamos al sastre a reparar un pantalón que se ha roto, o unos zapatos a ponerles tapas nuevas; simplemente van a la basura o, en el mejor de los casos, se le regalan a alguien. De igual forma, si una relación no funciona, se termina, y se sigue con otra. Y no se diga si se trata de un matrimonio en el que, lamentablemente en muchos casos, las personas se casan pensando en la solución inmediata ante cualquier desavenencia: "el divorcio", con la concebida claridad que ya más adelante se volverán a unir a alguien más con quien sí tengan ¡compatibilidad de caracteres!

¿Así estamos educando a nuestros hijos?

Si suben los pies al sillón o brincan en él, ¿les llamamos la atención?; si ensucian algo, ¿les pedimos que lo limpien?; si rompen un juguete, ¿les compramoss otro?; si tienen un cuaderno sin terminar, aun cuando lamentablemente ya no se los reciban en el siguiente ciclo escolar, ¿les pedimos que usen las hojas para dibujar, hacer recados, o borradores para estudiar?; si, por su propio crecimiento, dejan la ropa muy rápido, ¿les pidemos que se la hereden a sus hermanos o a sus primos, o por lo menos que se la regalen a alguien que la necesite, y los llevamos a entregarla limpia, en buen estado y personalmente? ¿Acaso a nosotros no nos ha costado generar nada de esto?

Echemos un vistazo a nuestra casa y revisemos qué cosas no están en buen estado y aún se pueden rescatar sin necesidad de ser sustituidas por otras, y enseñemos a nuestros hijos a reciclar, a cuidar las cosas, pero sobre todo esforcémonos por valorar nostros mismos el empeño y la dedicación que hemos puesto para tener todo lo que les rodea. Enséñales de buena manera a conservar sus pertenencias y su espacio en buen estado.

¿Cómo enseñar a nuestros hijos a valorarse y valorar?

Quererse a uno mismo es todo un reto, porque nadie ama lo que no conoce; por lo tanto, habrá que trabajar con ahínco en lo que ya he dicho antes. Además, gran parte de la autoestima de nuestros hijos depende de la forma en que nos dirigimos a ellos, así que es importante que pongamos atención en "cómo decimos lo que decimos y para qué lo decimos".

Si lo que vamos a expresar NO es positivo, mejor cerremos la boca, conectemos nuestro cerebro antes de hablar y sigamos los pasos básicos que ya mencioné de comunicación efectiva; por lo menos ordenemos lo que pensamos, sentimos, necesitamos o nos gustaría y expresémoslo en primera persona.

Aprendamos a reconocer en nuestros hijos lo que sí hicieron, lo que sí lograron y, sin adularlos, regalémosles frases alentadoras, que los hagan sentirse valiosos y reconocidos. Dejemos de ver el negrito en el arroz y eliminemos de nuestro vocabulario los juicios, las críticas, las devaluaciones.

Respetémonos para que ellos aprendan a respetarnos, además de aprender a respetarse a sí mismos; y si vemos que aun así no lo hacen, recordémosles lo que dice una amiga mía en forma de fábula: "Puedes elegir ser águila y volar muy alto, o puedes elegir ser gusano y arrastrarte; pero si eliges esto último, no te quejes si te pisotean".

Mostrémonos cariñosos, amables y considerados con nuestros seres más cercanos e invitemos con frecuencia a nuestros hijos a que también lo hagan. Hagamos un hábito de atender a nuestros padres, cuidarlos, buscarlos, etcétera; y nuestros hijos también aprenderán a hacerlo siempre y cuando los involucremos en estas actividades.

Cuidemos nuestras amistades y enseñémosles a nuestros hijos a tener buenos amigos, a compartir, a acompañar, a ser leales y solidarios. Es la mejor manera de enseñarlos a valorarse y a valorar a los demás.

Si no sabemos dar y recibir de manera "sana", aprendamos, esforcémonos por lograr integrar en nosotros este tipo de conductas que menciono aquí, porque no podemoss enseñar lo que no sabemos. Tarde o temprano nuestros hijos descubrirán nuestras incongruencias. De verdad, ¡somos tan transparentes ante ellos!, que es más fácil que ellos nos engañen a que nosotros lo hagamos con ellos.

¿EDUCAR A LOS HIJOS DUELE?

Esa pregunta podremos contestarla en la medida en que nuestros esfuerzos por educarlos sanamente sean reales. Como dice una frase que me gusta: "Si las cosas que valen la pena se hicieran fácilmente, cualquiera las haría".

Educar a los hijos sanamente vale la pena, pero por desgracia hoy en día no cualquiera lo hace. Sólo lo hacen los padres que están comprometidos con su familia, que son responsables de su propia persona, que desean vivir en una sociedad más armoniosa, que sueñan con un país mejor, con un futuro más prometedor para sus hijos; pero para lograrlo saben que tendrán que esforzarse al máximo para brindarles tiempo, dedicación, acompañamiento, guía, escucha...

Son padres que tendrán que aprender, entre muchas otras cosas, a decir NO, y eso a veces duele; a mantenerse firmes cuando toman una decisión o determinan una consecuencia lógica, y eso a veces duele; a dejarlos tomar sus propias decisiones y saber que se pueden equivocar, y que habrá que dejarlos vivir las consecuencias, y eso a veces duele; a desprenderse paulatinamente de sus hijos para que, llegado el momento de emprender el vuelo, estén listos para hacerlo, y eso a veces duele...

Edificar, educar y formar es tarea de hoy, mañana y siempre. Hay cosas que jamás pasarán de moda y una de ella es el amor a los hijos. Los invito a que este amor dé frutos sanos a través de su esfuerzo por ser mejores personas y educarlos sanamente.

Hoy en día sí duele educar a nuestros hijos, tanto como a nuestros hijos les duele que no lo hagamos.

*

Mariana Di-Bella Roldán de Somohano es contadora pública y terapeuta Gestalt. Maestra en psicoterapia existencial humanista, actualmente es socia fundadora de la firma Somohano Di-Bella Consultores, S. C., e Impulso Empresarial de México, S. C., y fundadora y directora del Instituto de Desarrollo para la Pareja. Asimismo, es conductora del programa de televisión *Aprendiendo a vivir mejor* que se transmite en el canal local Cablecanal, Telecable, Irapuato.

CAPÍTULO 5

Remembranza
Centro de Tratamiento Integral para Adolescentes, S. C.

Laura A. Peralta Quintero

El problema que dio origen a una causa

Cuando Josefina me buscó para hablarme del proyecto que se traía entre manos con este libro, me pareció muy afortunada la oportunidad de compartir la experiencia personal que dio origen a Remembranza, Centro de Tratamiento Integral para Adolescentes, S. C.

Hace cuatro años una entrañable amiga me confió que tenía problemas con su hijo porque era demasiado inquieto: no obedecía, por lo cual lo expulsaron de diversas escuelas. El padre, en oposición a ella, no estaba de acuerdo en ponerle límites, porque pensaba que hacerlo podía traumarlo. La familia acudió con diferentes médicos, quienes lo mantenían siempre medicado y no evolucionaba positivamente, por lo que el problema creció. Nunca se le realizaron estudios a profundidad. Aunque soy muy cercana a la familia, no podía ni debía meterme en sus decisiones.

Cuando él tenía siete años se fue a vivir con su madre y con su hermana fuera del país. Durante ese tiempo tuvo una educación con orden y límites, pero él hacía todo lo posible por regresar a México a vivir con su padre.

A partir de los once años, de común acuerdo con su papá, regresó a México a vivir con él y con su abuela, quienes continuaron con el mismo estilo de crianza basado en la sobreprotección por parte de la abuela y en la ausencia de límites. Nuevamente se le sometió a diversos tratamientos con psicólogos y neuropsiquiatras. Pese a esto, se le consintió mucho y no se estableció un sistema de comportamiento con reglas claras de conducta, así que el problema siguió empeorando.

Cuando el chico cumplió quince años inició el maltrato hacia su padre, al grado de que incluso llegó a los golpes en repetidas ocasiones y ya se volvió imposible controlarlo. El diagnóstico nunca fue claro y su padre decidió meterlo a una escuela militarizada por miedo a sus reacciones.

Viendo lo grave de la situación, decidí ayudar a mi amiga y me aboqué a investigar si había algún lugar adonde acudir en México o en Latinoamérica, pero por desgracia descubrí que no existían instituciones para atender a este tipo de pacientes.

En Estados Unidos encontré varios sitios que atendían problemas de conducta, con el inconveniente de que también trataban problemas de consumo de drogas, alcohol, anorexia y bulimia, lo cual no era lo más indicado para lo que requería este chico, pues eran instancias contaminadas por la atención de otro tipo de padecimientos. Sólo encontré dos instituciones especializadas en el tema de la violencia, pero desafortunadamente el adolescente en cuestión no dominaba la lengua, lo que imposibilitó su ingreso.

Pensar en cuánta gente tiene el mismo problema me llevó a asesorarme con un reconocido médico en Estados Unidos, y a tomar la decisión de crear una clínica en mi país donde el tratamiento fuera diseñado por especialistas como psicólogos, paidopsiquiatras y neurólogos, todos mexicanos, basados en nuestra cultura, que tiene características e idiosincrasia totalmente diferentes a las de Estados Unidos.

Entonces me di cuenta de que en todo ese tiempo, el muchacho nunca había tenido un buen diagnóstico, y eso era lo más importante en el caso. De esa manera me aventuré a reunir a un equipo multidisciplinario para dar nacimiento a Remembranza, Centro de Tratamiento Integral para Adolescentes, S.C.

Esta experiencia, de ver a mi amiga peregrinar entre tantos médicos y con tan diversos tratamientos, sin éxito, me llevó a la conclusión de que, para la eficaz atención de estos pacientes, era necesario partir de una evaluación diagnóstica integral, que comprendiera las partes emocional, psicológica, familiar, conductual y neurológica, evaluación que, una vez elaborada, se integrara y se discutiera en junta médica para llegar a un diagnóstico puntual y completo en cada caso, para diseñar un tratamiento certero, atendiendo las necesidades detectadas en el diagnóstico y de esta forma evitar que los padres perdieran tiempo probando un tratamiento tras otro mientras el problema crecía hasta salirse de control.

El diseño del tratamiento de Remembranza requirió más de un año de trabajo y la realización de investigaciones y muchas pruebas antes de poder ofrecerlo al público. Desafortunadamente, como el hijo de mi amiga había llegado a la mayoría de edad, decidió no tomar el tratamiento y —aquí no hay final feliz— el problema continuó creciendo. No obstante, gracias a él nació Remembranza.

Cabe destacar que el equipo del centro está formado por los siguientes especialistas:

- Doctor Edilberto Peña de León, neuropsiquiatra.
- Doctor Leonardo de Benito Avendaño, paidopsiquiatra.
- Maestra Raquel Soto José, neuropsicóloga clínica.
- Doctora Sulema Iris Rojas Román, neuropsicóloga clínica.
- Psicóloga Tatiana Karam Calvin, psicóloga.
- Irma Benavides, especialista en terapia equina.

La doctora Sulema Iris Rojas Román nos comparte su experiencia a continuación.

Una solución llamada Remembranza

Remembranza es un oasis —nos dijo un paciente—, un lugar hermoso, enmarcado por las cumbres del Ajusco. Es un sueño hecho realidad donde un grupo de especialistas, confiando en nuestros saberes, nos permitimos soñar, crear, inventar, reinventar, probar y proponer un método integral de tratamiento, con el único fin de mostrar a las familias de niños y adolescentes que han lastimado y han sido lastimados en lo más profundo de su corazón y de su ser, que existen formas diferentes de vivir la vida.

Con esta gran ilusión abrimos nuestras puertas, confiando en que muy pronto llegarían nuestros primeros pacientes. Pero pasó el tiempo, y aunque recibíamos algunas llamadas telefónicas, no se concretaban las primeras atenciones, por lo cual iniciamos campañas de difusión. Al tocar puertas nos encontramos de todo: personal de las escuelas que negaban todo tipo de problemáticas con sus alumnos, especialistas con grandes inseguridades para canalizar a sus pacientes, padres de familia que minimizaban los hechos violentos de sus hijos.

Múltiples anécdotas nos han llamado la atención. Por ejemplo, aquella charla que sostuvimos con un padre acerca de un evento en el que su hijo le pidió dinero para salir y él se lo negó: discutieron, forcejearon y el chico fue a la cocina por un cuchillo. Lo empuñó y le exigió el dinero. Su padre dijo: "Sólo quería asustarme. Seguramente no es capaz de hacerme nada", y lo justificó: "Así son todos los adolescentes, ya se le pasará". En otra ocasión, una señora me comentó: "Dicen que mi esposo era así cuando chico. Y mire ahora: es un hombre de bien".

Con ejemplos como los anteriores nos dimos cuenta de que el tema que habíamos puesto sobre la mesa era más bien un tema que la sociedad quería mantener debajo de la mesa. El hecho de que un hijo amenace, golpee, insulte y le pida a Dios en sus oraciones cuando se va a la cama que, por favor, cuando amanezca, su madre esté muerta, no es un tema fácil de aceptar.

Comprobamos que este andar no iba a ser fácil. Estamos conscientes de que Remembranza es punta de lanza al hablar de un tema del que nadie habla. Con ese empeño hemos tenido que ir rompiendo tabúes y sensibilizando a la gente. Cambiamos el discurso para suavizarlo y, en lugar de hablar de violencia empezamos a hablar de conductas disruptivas; descubrimos que era mejor referirnos a trastornos de la conducta en vez de decir que hay hijos que golpean a sus padres. De esa forma nos dimos cuenta de que progresivamente hemos ido llegando a los oídos de personas que necesitan de nosotros.

Cuando esas personas llegan a Remembranza es porque ya han recurrido a muchos especialistas que, aunque sean muy buenos, trabajan de manera desarticulada. El problema de la violencia, al ser multifactorial y muy grave, requiere más de un par de manos para darle solución.

Los padres acuden a buscar ayuda cuando la situación se les ha salido de control, utilizan la terapia de *shock* y piden a los policías que suban a la patrulla a sus hijos y los espanten diciéndoles que los van a llevar presos, o los vecinos llaman a la patrulla por el escándalo de sus enfrentamientos con sus padres, o en la escuela les exigieron a éstos que sus hijos tomaran un tratamiento.

Cuando por fin los padres llegan con nosotros queremos hacerles sentir que han llegado al sitio correcto; que por muy fuerte, triste y dolorosa que pueda ser su historia, nosotros no los vamos a juzgar ni a regañar. Les hacemos ver que son varias las situaciones por las cuales han llegado hasta ese nivel de agresión y de violencia en su casa, y por eso el primer paso es hacer una evaluación integral que nos permita determinar, desde diferentes escenarios y miradas, qué profesionales de la salud mental evaluarán, desde su perspectiva y su especialidad, cómo fue que este joven y su familia llegaron hasta ese punto de conflicto.

Ya que el chico y su familia han sido evaluados por cada uno de los especialistas se organiza una sesión clínica. ¡Menuda tarea! Se escuchan las hipótesis y los resultados de cada especialista, se debate cuando es necesario, se argumenta y se llega a un acuerdo. Por eso cada caso discutido en estas sesiones clínicas se vuelve un aprendizaje y un enriquecimiento para cada uno de los profesionales que asisten.

Una vez que se tiene el diagnóstico integral —como dice la coordinadora de evaluación: "Ahora sí ya sabemos a qué clavo hay que darle"— se diseña un tratamiento a la medida del paciente. Éste contiene el número y el tipo de terapias que requiere cada adolescente y cada familia. Puede ser ambulatorio —es decir, el chico se queda a dormir en su casa y sólo asiste a las terapias— o residencial —en este caso el paciente se queda a vivir en el centro, donde recibe todas sus terapias, lo cual, muchas veces, es ideal pues siempre es muy sano poner tierra de por medio para sanar cada parte de esta situación fracturada—. De esta manera se requiere que los padres estén al pendiente de sus hijos y que asistan a sus terapias, pero tristemente hay familias para las que el Ajusco está muy cerca y prefieren internar a sus hijos en el extranjero, ya que esto les permite seguir negando que tienen un problema. Resulta que hasta cierto estatus les proporciona.

Esta estrategia no es la adecuada, ya que existen muy pocos centros especializados en el tratamiento de los trastornos de la conducta de este tipo de adolescentes, quienes son llevados a centros donde conviven con chicos que, además, consumen sustancias psicoactivas, han intentado suicidarse, vomitan la comida o dejan de comer para mantenerse delgados, o se cortan el cuerpo, etcétera. Y el riesgo de recluir a sus hijos en un lugar así es muy alto, pues, como dicen las abuelitas, "lo que no se les había ocurrido, lo van aprender ahí". Por eso es muy importante que los padres que deciden internar a sus hijos sepan en qué centro especializado lo están haciendo.

Otra triste realidad es que los padres prefieren llevar a sus hijos con problemas de conducta a una escuela militarizada. Pero, señores, ¿a dónde van con esas ideas? Lo que les hace falta a sus hijos no es un sargento que les diga qué es lo que tienen que hacer, obligarlos a bañarse con agua fría a las 6:00 a.m. o a correr 5 km todas las mañanas… Digo, seguramente una disciplina de este tipo no les caería mal después de cómo se han portado, y cualquiera creería que se lo merecen; pero lo que sus hijos necesitan en realidad es una familia que les proporcione estructura. Por eso en Remembranza la terapia familiar es casi obligada en todos los casos, porque los adolescentes necesitan un espacio dónde hablar de lo que les pasa, dónde aprender nuevas pautas de comportamiento, dónde crear nuevas conexiones a nivel cerebral que les permita potencializar sus recursos cognoscitivos.

Por otro lado, los jóvenes que están con nosotros necesitan un modelo a seguir. Un semejante que les muestre que se puede contestar diferente, sentir diferente, pensar diferente y, finalmente, actuar diferente. Por eso creamos la figura del *guía conductual*, quien es un igual, aunque no tan igual, quien ha terminado la carrera de psicología, formado en el modelo Remembranza, y que va a caminar hombro con hombro con nuestro paciente, ya sea por los pasillos del centro, de su casa o de su escuela, o por el centro comercial, según sea la necesidad del chico y de su familia, fungiendo como testigo presencial y enlace entre el paciente, su núcleo familiar y los especialistas que lo atienden. En conclusión, Remembranza no es un internado ni una escuela militarizada. Es un lugar que cambia vidas.

PSICOTERAPIA ASISTIDA CON EQUINOS

Con esta mirada integral, en Remembranza —como centro— cambió el rumbo de nuestra familia. Nos hizo darnos cuenta de que la forma en que se había podido llevar la situación entre todos no era la adecuada, que la violencia, no importa de qué se disfrace, es siempre violencia. Nos dimos cuenta de que aún después de llevar un tratamiento, no se puede dar por sentado nada y requerirá de un esfuerzo diferente al que la mayoría de los chicos de su edad puedan requerir, que los límites claros y la aceptación de aquello que no está en nuestras manos cambiar, serán la guía para poder seguir día a día encontrando nuevas y diferentes formas para poder hacer frente a esta situación, siempre con el deseo profundo y verdadero de que todos podamos vivir en paz y estar satisfechos con nuestra vida, disfrutar los momentos disfrutables y tener piso firme para enfrentar los momentos que se compliquen.

Remembranza nace de un corazón con la necesidad de ser atendido, por eso se construye desde y con el corazón, para el corazón de las personas que lo necesitan.

Tenemos un modelo de psicoterapia asistida con equinos, impartido por la psicóloga Tatiana Karam y por la terapeuta Irma Benavides, quienes afirman que trabajar con caballos es un privilegio. Estos bellos animales son un regalo de la naturaleza. El modelo EAGALA (Equine Assisted Growth and Learning Association) utiliza caballos en libertad (nunca son montados), son muy sensibles a su entorno y nos muestran la vida de esa forma: con la sensibilidad que hemos perdido los seres humanos. El trabajo con caballos nos hace recuperar lo que hemos perdido. Estos animales nos reflejan. Son un espejo de nuestras actitudes y de nuestros comportamientos. A ellos no les podemos mentir.

Los caballos no tienen prejuicios, ni tienen ego ni expectativas. Viven el aquí y el ahora. Son congruentes con lo que expresan; si están enojados, bajan las orejas; si están alegres, corren y levantan la cola. Estas señales, entre otras, nos ayudan a proponer un escenario en el cual se desarrollan actividades con los pacientes. Los comportamientos de una manada equina nos enseñan en gran medida cómo deberíamos comportarnos los humanos en familia y en sociedad.

Por su parte, en los siguientes párrafos, la doctora Raquel Soto nos comparte su experiencia.

Nuestros monstruos

En la sobremesa de una comida sabatina, acompañada por algunos colegas, se encontraba una psicóloga que comentó tener una muy buena amiga que quería formar un centro de atención especializado para niños y adolescentes con problemas de conducta. ¿Sólo con problemas de conducta?, le pregunté sorprendida. Ella respondió que sí, y me contó la historia que ustedes acaban de leer. Debí poner cara de mucho interés porque al terminar su relato mi amiga me dio los datos para que me pusiera en contacto cuanto antes con ella para ver si me podía unir a su equipo de trabajo.

Como neuropsicóloga clínica especialista en la evaluación de la salud mental de niños y adolescentes, ustedes comprenderán que me ilusionó mucho poder formar parte de lo que fuera que se estuviera gestando. Así que el siguiente lunes marqué el teléfono, y a los diez minutos ya tenía la cita para conocer a la famosa amiga de mi amiga.

Todo sucedió muy rápido. Al cabo de media hora ya tenía la propuesta de una sociedad en un centro donde iba a poder hacer lo que siempre había querido: ¡un traje justo a la medida para la población mexicana! Al día siguiente de la entrevista ya estaba comiendo orejas y tomando café con quienes serían mis socios en esta nueva aventura. Me encontraba muy contenta e ilusionada. ¡Por fin alguien se había interesado en este problema y yo iba a poder formar parte de la solución!, aunque fuera con un pequeño granito de arena.

Conforme pasaron los meses fuimos formando lo que ahora, entre todos, llamamos Remembranza. He de confesar que en ese momento sabíamos que las cosas no serían fáciles, pero con lo que nos hemos topado a lo largo del camino ha sido sorprendente.

Empezaré por contarles cómo funciona nuestro proceso de evaluación para poder relatarles las cosas con las que nos hemos enfrentado como especialistas. La valoración que se realiza en Remembranza es minuciosa, por lo que se lleva a cabo durante varios días, cuatro para ser exactos, más —en caso de ser posible— la visita escolar. Hacemos una "radiografía" de la salud mental de nuestro paciente, tratamos de buscar hasta el más recóndito escondite de su psique para poder llegar a un diagnóstico correcto y así poder construir el tratamiento único y especializado que se requiere.

Con "diagnóstico correcto" me refiero a que no sólo vemos un cristal proveniente de una especialidad médica, sino que los integramos todos porque los seres humanos somos así de complejos. Ojalá fuéramos como un aparato electrodoméstico al que se le funde un chip y con remplazarlo bastara para que vuelva a funcionar, pero, afortunada o desafortunadamente, para poder crecer y desarrollarnos, los seres humanos tenemos que funcionar en todas las áreas importantes de nuestra vida: la escuela, la familia y los amigos.

Ya supondrán ustedes que los pacientes que piden atención en Remembranza son aquellos que no logran adaptarse, sobre todo en los dos primeras ámbitos, y es justo en este quiebre cuando los padres nos piden ayuda: en el momento en que ya les es imposible manejar y controlar al niño o al adolescente que se tiene en casa o en la escuela, siendo éste el primer obstáculo con el que nos topamos como tratantes de este tipo de conflictos.

Otros obstáculos con los que nos encontramos son los siguientes:

Falta de información. En innumerables ocasiones, escuchamos a padres, maestros, directores escolares y tratantes de otras especialidades decir que es "normal" que no puedan mantener una relación sana con el adolescente (en este caso sinónimo de *monstruo*), y más que ayuda, buscan a alguien que les resuelva el problema en cuestión de segundos. Sin saber que, en primer lugar, la adolescencia NO es sinónimo de monstruosidad, horror, terror o cualquier otra cosa parecida. Es innegable que durante esta etapa del desarrollo tenemos momentos o periodos en los que somos insoportables, pero siempre en un margen manejable. La adolescencia es una etapa que nos sirve para cuestionar nuestras creencias y reafirmar nuestros valores en el camino hacia la adultez. Sin embargo, ¿dónde está escrito que en esta búsqueda de nuestra identidad debamos golpear, amenazar, agredir y lastimar a quienes nos rodean? Una de las cosas que repetimos insistentemente a los padres de nuestros pacientes es la pregunta acerca de si ellos permitirían que un desconocido los tratara con el mismo desprecio y con la misma agresión con que sus hijos los tratan, nada más por ser adolescentes. Todos, sin excepción, contestan que no. Entonces les preguntamos por qué permiten que sus hijos lo hagan, si supuestamente, por ser parte de nuestra familia, deberían tratarnos con mucho más amor y cuidarnos mucho más que cualquier otra persona.

El miedo a poner límites. No por ser nuestros hijos deberíamos permitirles todo y exigirles menos. ¡Debe ser al revés! Por ser quienes son en nuestra vida deberíamos exigirles más. Suena muy contradictorio, ¿verdad? Pero piensen en ese NO que sus propios padres les dijeron cuando ustedes eran niños o adolescentes, y que ahora como adultos les agradecen profundamente. Por ejemplo, cuando se les ocurrió de muy pequeños que era una buena idea jugar con una bolsa de plástico en la cabeza. ¿Qué hubiera pasado si sus padres no hubieran dicho ese NO a tiempo? Y entonces les preguntamos: ¿por qué se les prohíbe a los niños el juego con bolsas de plástico en la cabeza o en la cocina? Porque se les ama profundamente y sus padres no querrían que algo malo les pasara. Pues eso es exactamente la definición de un límite para un niño o un adolescente: amor, seguridad y protección; aunque el resultado de ese límite puesto a tiempo se vea muchos años después. Ahora bien, pareciera que en teoría como padres lo tuviéramos muy claro, pero las exigencias económicas de nuestra vida cotidiana, el pavor que como adultos le tenemos a la confrontación y al conflicto y, sobre todo, la baja tolerancia a la frustración que tenemos, nos hace sentir pánico a poner límites a nuestros hijos. Sin pensar que a la larga los únicos que vamos a pagar las consecuencias de no haber dicho un NO a tiempo somos nosotros mismos.

La negación y la vergüenza. Otro muro con el que nos hemos topado es la negación o la minimización del problema que en la escuela o en la familia están viviendo. A pesar de que la violencia de los adolescentes hacia toda figura de autoridad es cada vez mayor, en nuestro centro hemos observado que tanto los profesores como los padres de familia prefieren no hablar del tema porque lo viven como una prueba irrefutable de su mal ejercicio profesional como padres o maestros, sin saber que este fenómeno se origina por la unión de muchísimos factores (por eso la evaluación es tan minuciosa), que en la mayoría de las ocasiones existe un factor neurobiológico de base que potencializa el problema, y que al detectarlo y darle el tratamiento adecuado, la intensidad del problema se reduce en un buen porcentaje.

Con esto no queremos decir que la familia o la escuela (que siempre son parte del problema) no necesiten cambios y reestructuraciones, pero es muy diferente a decir que son los únicos responsables del problema o como si esas instancias formativas tuvieran la obligación de saber qué hacer en todo momento y de no pedir ayuda porque nos han hecho creer que todos los problemas que dan los adolescentes se deben a la edad en sí, a que no están bien educados, a que están muy consentidos o a que la escuela en la que están no es apropiada para ellos.

Al enfrentarnos a estos monstruos (porque estos obstáculos sí merecen este adjetivo calificativo) no dejamos de preguntarnos: ¿por qué a los padres les cuesta tanto trabajo invertir emocional y materialmente en la salud mental de sus hijos y no así en diversos satisfactores materiales, si las consecuencias de no tratarlos son mucho peores a futuro?

Finalmente, en estos párrafos el doctor Leonardo de Benito nos ofrece su visión del problema desde la perspectiva de la psiquiatría infantil.

LA AGRESIÓN DE NUESTROS NIÑOS

"¡Qué te importa!" y "¡No sé!" son las palabras que generalmente escucho cuando los padres de mis pacientes me traen a un chico o a una chica con problemas de conducta. El paso que lleva de "mamá tonta" a "eres una estúpida, te odio" es paulatino y cruel.

Durante mi formación como psiquiatra infantil y de la adolescencia observé esta situación cientos de veces; la desesperación de los padres por su increíble sensación de impotencia y su altísima demanda de una solución mágica y pronta a un problema que lleva años de gestarse.

Aunque es poco hablado, seguramente por el temor al estigma, los problemas de conducta son de los trastornos que más llegan y saturan los servicios de salud mental, ya que son muy frecuentes (pues se presentan, de acuerdo con la estadística mundial, de tres a siete niños de cada cien). Pero a pesar de su concurrencia se sigue creyendo que es sólo una etapa, un problema de mala crianza, o que el muchacho nació "malo" y que nada se puede hacer para cambiarlo. Y entonces los padres esperan muchos años antes de buscar la atención, que con mucha frecuencia llega cuando sus hijos ya son adolescentes violentos y peligrosos; cuando ya es muy difícil y en ocasiones imposible manejarlos.

Escucho un sinfín de pretextos que los padres inventan para negar el problema que tienen encima, cómo los envían a una escuela militar, cómo los golpean "para que aprendan a respetar", cómo los envían con otros familiares que prometen corregirlos (y terminan haciendo exactamente lo mismo que los padres), o cómo los envían al extranjero con la excusa de que "aprendan otro idioma" o "tengan mejores oportunidades académicas", pero en realidad sólo buscan "aliviarse" del problema (y donde tristemente estos chicos hacen todo menos obtener mejores oportunidades, aprovechándolo para salir a fiestas lejos de las restricciones paternas).

Mientras trabajaba en otros centros de atención psiquiátrica descubrí que el tratamiento para estos chicos era insuficiente. Un buen colega mío mencionaba con frecuencia que los problemas de conducta tienen tres partes: lo predisponente, lo precipitante y lo perpetuador. Y en la mayoría de los centros sólo se hace énfasis en lo predisponente y se critica lo precipitante, pero nada se hace por los factores que lo vuelven permanente, por lo cual, por mucho que se trabaje con el chico, en menos de un mes la situación regresa igual que como se presentó originalmente, aun cuando se le hospitalice. Lamentablemente, era muy recurrente que los padres trataran de hospitalizar a sus hijas con más frecuencia. Como el chico se percataba de que sus padres sólo se querían "deshacer" de él, esto confirmaba sus creencias de que lo odiaban, y el ciclo de la violencia se volvía permanente y cada vez más grave.

Entonces me invitaron a Remembranza. En un principio sólo para valorar, en suplencia del titular correspondiente, a un paciente con problemas de conducta. Recuerdo que en ese tiempo pensaba que se trataba de otro centro que trabajaría como todos los demás, donde se determinaría el diagnóstico de un niño, se le daría ¿ un medicamento y se le citaría una vez al mes o, cuando mucho, una vez a la quincena. Pero estaba muy equivocado.

Aquí me topé con un grupo de especialistas que efectivamente veían el mismo problema que yo: que el manejo de los problemas de conducta estaba incompleto en todos los sentidos. Incompleto en el diagnóstico, incompleto en el manejo e incompleto en el seguimiento.

El modelo de reunir a todos los especialistas de las áreas de la conducta para diagnosticar adecuadamente y de manera completa a estos chicos, incluyendo el estado de la familia (que muchas veces se omite), me pareció de primer mundo; pero lo que puedo asegurar que hizo que me enamorara de él fue el hecho de que todos los especialistas hablaban y se escuchaban. Todos trabajando como uno solo para el beneficio de los pacientes. Aquí me di cuenta de que las cosas podían cambiar.

El manejo con los pacientes se hace de forma completa: se aborda la familia, la escuela y su ambiente, se entrena a los padres, se atiende psicológicamente al menor y, si así lo requiere, se le medica. Todo en un solo lugar, sin más peregrinar para los padres, donde todos los terapeutas saben bien lo que el otro está haciendo con el paciente y actúan siempre en conjunto.

Cuando empezamos a llevar a cabo ese método con nuestros primeros pacientes la respuesta fue increíble. En sólo tres semanas teníamos resultados evidentes, lo cual nos ilusionaba mucho. Sin embargo, los pacientes presentan muchos obstáculos para lograr una mejoría. El primer obstáculo que debíamos vencer era derrumbar la desconfianza de un joven que aprendió a desconfiar de todos. El segundo obstáculo que enfrentamos fue la aceptación del problema del chico (esto es particularmente cierto cuando damos diagnósticos como discapacidad intelectual, trastorno por déficit de atención, etcétera). El tercer obstáculo lo encontramos cuando involucramos a los padres, en quienes lamentablemente he descubierto una terrible resistencia al cambio. Parece mentira, pero salir de los círculos viciosos que mantienen el problema en casa aterra a muchos padres. Me encanta percatarme de la mejoría de mis pacientes en lo individual, pero cómo se perpetúa el problema por el poco apoyo y escaso involucramiento de las familias, me entristece mucho. Una gran cantidad de padres abandona el tratamiento cuando se percata de que son ahora ellos quienes tienen que cambiar, y al parecer prefieren regresar a un modelo terapéutico en el que el único problema sea el hijo y una medicina mágica que lo repare esté disponible; una dulce mentira que parece preferible, con todos los problemas y sufrimientos que conlleva.

Pero me lleno de alegría cada vez que veo a uno de nuestros chicos sonreír y me doy cuenta de que eso es Remembranza: entusiasmo y esperanza para darles, a estos niños en los que nadie cree, un buen futuro.

> La mejor herencia que podemos dejar a nuestros hijos radica en brindarles las herramientas necesarias para integrarse plenamente a su sociedad como hombres y mujeres con valores, compromiso, sensibilidad y carácter.
>
> ARTURO MORELL

*

Remembranza, Centro de Tratamiento Integral para Adolescentes, S. C., se conforma por un grupo multidisciplinario de más de treinta especialistas en sus materias que interactúan constantemente con el propósito de garantizar la realización de los objetivos del programa a nivel individual y grupal.

Laura A. Peralta Quintero, administradora de empresas, es la presidenta de Remembranza y creó Mexicanos Unidos en la Prevención de Adicciones A. C. (MUPAAC).

CONCLUSIONES

Hemos atravesado este intenso libro por la mirada de distintos especialistas y amigos a quienes agradezco infinitamente haber querido participar en este espacio de reflexión para hablar de un problema grave en nuestras familias y que repercute directamente en el México que estamos creando: la violencia en nuestros hijos, en nuestros jóvenes.

Pero antes de terminar, quisiera agradecer a mi querido doctor Kraus por su generosidad, su compromiso y, en especial, por su congruencia y su amor por sus pacientes. Conocer su consultorio implicó entrar a un mundo de vocación y entrega; es un "museo" donde las obras más valiosas son cada detalle que con amor y gratitud le han obsequiado sus pacientes, sus amigos. No es un consultorio, sino un territorio de vocación y de solidaridad con quienes cruzan la puerta; no es un consultorio, sino un espacio de entrega, un abrazo para el alma y un paso para la recuperación de la esperanza.

Él es un conocedor del dolor que somos capaces de provocarnos o de provocar a otros, y sabe mejor que muchos de la grandeza y de la capacidad de no rendición y amor por la vida de los seres humanos. Con su texto cerramos este libro, no como un final, sino como una convocatoria realista, honesta, fuerte y profundamente esperanzadora. Así que los dejo con su profunda y desafiante reflexión y una invitación a construir un mundo más justo y solidario, el doctor Kraus propone que empecemos por el universo que hace posible, con su suma o su resta, que otros mundo sucedan: nuestros propios hogares.

ÉTICA EN CASA

Arnoldo Kraus

Pocas personas se atreverían a ensalzar los modelos que rigen y han regido durante las últimas décadas al mundo contemporáneo. Me refiero a los marcos impuestos por políticos, economistas, religiosos, sociólogos, y otros, no menos cruciales, como los provenientes de la medicina o de la tecnología. El fracaso es patente: la brecha entre quienes pueden acceder a una vida digna y quienes sobreviven con dificultad, crece sin cesar. En su libro, *El precio de la desigualdad,* Joseph E. Stiglitz, Premio Nobel de Economía, explica el nauseabundo barranco en el cual se encuentra sumida la humanidad: "Uno por ciento de la población tiene lo que el 99% necesita".

La pobreza lacera y atenta contra la estabilidad social. La pobreza y sus consecuencias conciernen a la ética. Sociedades y familias empobrecidas constituyen un tema de una urgencia acuciante. No es posible hablar de una ética universal cuando pocos tienen todo y cuando muchos tienen la necesidad de bregar cada día por su supervivencia; supervivencia que, además, se agrava sin coto por los nuevos e interminables bretes impuestos por la profundización de la miseria. Paradójicamente, riqueza y miseria comparten verdades: ni una ni otra tienen límites.

El mundo dispar refleja la irresponsabilidad del poder y subraya el lamentable fracaso de quienes, desde sus trincheras, con sus plumas, con su entrega e, incluso, con sus vidas, no han logrado enderezar el timón. La inmensa mayoría de políticos, banqueros y religiosos, aislados o en contubernio, son responsables de la pobreza y de sus consecuencias. Unos, por actuar inadecuadamente —los políticos—; otros, por robar —los políticos y los banqueros—, y algunos más, por no hacer, por callar y aceptar —los religiosos—.

La pobreza sólo entiende el lenguaje de la cotidianidad y de la supervivencia. Para los pobres, ensimismados frente a la crudeza de la vida, amenazados por el *via crucis* inherente a ella —falta de alimentos, promiscuidad, enfermedades sin dinero para afrontarlas—, resulta complicado internarse en otros campos o armarse de saberes para confrontar los dictados del poder. Su realidad y la de los suyos, agosta otras posibilidades. Suficiente esfuerzo es sobrevivir. Suficiente y compleja tarea es no caer en la violencia, no enlistarse en las filas del narcotráfico, no emigrar hacia otras latitudes, no depositar a los recién nacidos en basureros, no robar para librar el día, no matar para conseguir los medicamentos para los hijos enfermos.

Sin modelos sanos vigentes, y ante los execrables ejemplos de políticos, banqueros y religiosos, ¿qué queda?: queda reinventar un orden que provea a los seres humanos de elementos para responder; queda la obligación de quitarle dígitos a 99% de la población mundial. La inefable tríada (pocos se salvan), constituida por banqueros, políticos y religiosos, no modificará su ruta. Al contrario, buscará perpetuar sus dogmas, incrementar sus bienes y continuar con la depauperación moral de la población yerma de recursos económicos y culturales; sin recursos económicos y culturales, lo sabe el poder, no hay elementos para ser contestatario. Entonces, ¿qué queda?: queda remozar basura y redimensionar la ética laica cuyo *leitmotiv* sea la justicia social, el ser humano y la Tierra; queda cimentar un edificio ético en el que el ser humano sea respetado y prevalezca el bien común sobre el interés privado.

Bregar por la justicia y aspirar a la felicidad son metas de la ética. Sin justicia es imposible pensar en un mundo "moral". Si no se cuenta con los ingredientes necesarios —dignidad, libertad, alimento, descanso, autonomía, salud, techo, educación, agua potable— no es factible alcanzar una situación que semeje felicidad. Sin esos elementos es inviable hablar de eticidad.

En las casas de las personas afortunadas —algo más que el 1% de Stiglitz—, donde se nace y se crece, y donde la economía contribuye a resolver la vida, sus habitantes deberían tener la obligación de enseñar y contagiar preceptos morales, de preferencia laicos. La ética del hogar no requiere definición ni diccionario: "Comportarse con el otro como si fuera uno mismo o un ser querido". O, siguiendo a Dostoievski —me gusta citar su idea—, acuñar sus conceptos sobre moral y compromiso: "Todos somos responsables de todo y de todos ante todos, y yo más que los otros".

Responsabilidad moral de acuerdo con Edmund Husserl; responsabilidad, de acuerdo con Emmanuel Lévinas, hacia el rostro de quien me mira. Responsabilidad con la verdad a partir de la moral y de las caras de quienes, al mirarnos, por el solo hecho de mirarnos, afirma Lévinas, nos convierten en responsables de ellos. De lo mismo hablaba Immanuel Kant, en cuya *Fundamentación de la metafísica de las costumbres* cavila sobre los imperativos, cuya finalidad radica en promover y fortalecer los mandamientos éticos.

Entre las diversas formulaciones del *imperativo categórico* —los textos de filosofía citan cinco conceptos— destaco la siguiente: "Obra de tal modo que uses la humanidad, tanto en tu propia persona como en la persona de cualquier otro, siempre a la vez como un fin, nunca simplemente como un medio".

La ética pertenece al rubro de la filosofía. La teoría se aprende en aulas, en libros, en discusiones académicas y, ¿por qué no?, en los parques, en las cafeterías y en las cantinas. En esos sitios, entre amigos, la ética se vive, se desglosa, se apellida: respeto, compromiso, responsabilidad, alteridad. La práctica cotidiana de la ética, la de la calle, no se aprende ni se estudia; se mama en casa, con la familia, con las personas cercanas. Incluso, pienso, algún día la ciencia explicará que los ingredientes del ser ético se adquieren, *in utero*, en la matriz primigenia: las reacciones de la madre, aunque carezcan de palabras, no carecen de simbolismo.

La casa, el hogar seminal donde conviven padres, hijos, hermanos y, en ocasiones, personal de servicio, y las otras casas —calles, parques, escuelas, hogares vecinos—, y los otros no otros —carteros, repartidores de periódicos, tenderos, boleros, limosneros, semaforistas—, constituyen la versión familiar de la ética y los ladrillos del "embrión moral". La conciencia de los pequeños empieza a tomar forma y a decantarse en el "embrión moral", cuya simiente son los valores universales: amistad, conciencia moral —término kantiano—, empatía, solidaridad, justicia, libertad y autonomía.

El "embrión moral" dota a los niños de elementos para pronunciarse a favor de los otros, de los seres humanos que sólo por el hecho de serlo se convierten en una responsabilidad. Cuando los compromisos se aprenden en casa, el "embrión moral" transforma a los pequeños en seres éticos. Ser ético no acepta dobles lenguajes ni dobles raseros: se ejerce y se es. La zozobra del mundo podría remediarse si la ética fuese materia familiar y escolar. La zozobra disminuiría si un porcentaje mayor de políticos, banqueros y religiosos ejerciesen sus oficios arropados por principios éticos.

Dos siglos antes de Cristo, Terencio explicó su idea de la ética y formuló sus fronteras:"Hombre soy, nada de lo humano me es ajeno". Infundir en el "embrión moral" la idea de Terencio, y contagiarla por doquier, podría ser acicate para diseminar las bondades y la necesidad de la ética. Salvaguardar a la humanidad de la misma humanidad, y dotar a las personas de responsabilidad, es necesario y urgente. Investir en casa a los pequeños de sabiduría ética, es la apuesta. Imbuir en el hogar conceptos morales, contagiar la máxima: "Nada de lo humano me es ajeno", y comprender que todas las perversiones humanas no son ajenas, precisamente por ser humanas, es fundamental.

Pobreza, explotación, tráfico de seres humanos, venta de órganos, prostitución infantil, racismo, refugiados, desplazados, migrantes, impunidad y un largo etcétera son, entre otros, temas que aguardan solución. La apuesta es el bien común. Si no se disemina esa idea, todos perdemos. El bien común es un antídoto contra el egoísmo, contra la opresión de los modelos económicos actuales, contra la deshumanización —permítaseme la redundancia— del ser humano.

Enseñar ética en casa puede ser un antídoto contra las lacras que amenazan al ser humano como especie y a la Tierra como nuestra casa. Casa.

Gracias al doctor Kraus, y agracias nuevamente a quienes en estas páginas nos han compartido sus experiencias, conocimientos y la convicción de que somos constructores de nuestra felicidad o de nuestras prisiones, de que somos capaces de trascender y conjugar en "nosotros".

Cierro este libro con un profundo optimismo y con la certeza de que las nuevas generaciones sabrán educar a sus hijos para ser capaces de construir su felicidad siendo libres y responsables.

Si en realidad queremos transformar mucho de lo que hoy vivimos, es imprescindible empezar por lo más cercano, por nosotros mismos, por ese territorio que algunos llaman "mi casa" y otros "la casa de mis papás" o "mi hogar". Este territorio será, al fin de cuentas, la consecuencia de las reglas y los límites que procuremos; será resultado de nuestra capacidad de amar y no sólo de dar; será consecuencia de cómo enseñemos a responder a nuestros hijos frente a ellos mismos y a su comunidad.

Si en este territorio hay claridad en los límites y en las consecuencias de cuando estos límites se atropellan o se ignoran, entonces seguramente habrá más orden y más concordia, habrá mayor confianza y mayor respeto, y habrá seres humanos que se hagan cargo de sus decisiones y que con libertad, valor y alegría sean capaces de enfrentar desafíos, pérdidas, ganancias, y sobre todas esas circunstancias nuestros hijos estarán preparados para construir su felicidad, que al final de cuentas es lo que la inmensa mayoría de los padres queremos lograr: que nuestros hijos sean felices.

Deseo que la lectura de este libro no sea el final de un ejemplar más, sino el principio de decisiones y acciones que nos permitan una vida más plena, que seamos capaces de "honrar la vida" y, a sabiendas de que los seres humanos no estamos hechos en serie sino en serio, la hagamos realidad para nuestros hijos.

> Solamente dos legados duraderos podemos aspirar dejar a nuestros hijos: uno, raíces; el otro, alas.
>
> HOODING CARTER

Cuando los hijos mandan, de Josefina Vázquez Mota
se terminó de imprimir en marzo 2015 en
Drokerz Impresiones de México, S.A. de C.V.
Venado N° 104, Col. Los Olivos, C.P. 13210,
México, D. F.

[5]